Das Internet sinnvoll nutzen

Viele praktische Tipps,
damit Sie aus dem
Internet das Maximum
herausholen. Mit
einer Anleitung für
die eigene Homepage.

K-Tipp RATGEBER

Autor

Heini Lüthy ist Texter und Konzepter in Zürich

© Konsumenteninfo AG, Zürich
Alle Rechte vorbehalten
4. Auflage, März 2010

Autor: Heini Lüthy
Layout: Beat Fessler
Korrektorat: Esther Mattille
Titelillustration: Pongo Zimmermann
Druck: dfmedia, 9230 Flawil

Bestelladresse:
K-Tipp-Ratgeber
Postfach 431
8024 Zürich
ratgeber@ktipp.ch
www.ktipp.ch

ISBN: 978-3-906774-45-9

Vorwort

Das Internet sinnvoll nutzen

1997 haben wir den ersten K-Tipp-Ratgeber zum Internet veröffentlicht, er trug den Titel «Der leichte Einstieg ins Internet». Damals war in der Tat der Einstieg noch eines der grossen Probleme. Technik war ein wichtiges Thema, und das Buch beantwortete deshalb Fragen wie: Wie komme ich ins Netz? Was für Hard- und Software brauche ich? Wie finde ich einen günstigen Provider?

2004 erschien eine komplett überarbeitete Auflage, und damals war das Internet bereits ein fester Bestandteil unseres Alltags geworden. Es war allerdings auch bereits sehr unübersichtlich geworden, deshalb wurde der Titel des Ratgebers geändert in «Das Internet sinnvoll nutzen».

Heute, noch einmal fünf Jahre später, ist das Internet noch stärker in unseren Alltag hineingewachsen. Viele der Themen aus der letzten Auflage sind geblieben. So etwa die Frage, wie man das findet, was man sucht, oder das Problem mit der Sicherheit. Aber es sind auch ganz neue Themen aktuell geworden: Zum einen die Verbreitung der Communitys, in denen Menschen auf der ganzen Welt untereinander Kontakte pflegen und alles Erdenkliche austauschen, von geschriebenen Ferienerinnerungen über Bilder und Videos bis zu altem Trödelkram. Immer mehr Inhalt des Internets wird von den Benutzern selber erstellt, und dieser «User Generated Content» wird von vielen als eine Art neues Internet, als «Web 2.0» bezeichnet.

Eine grosse Entwicklung hat auch das mobile Internet erfahren. Zwar gibt es schon seit Längerem die Möglichkeit, das Netz nicht nur im Büro oder zu Hause zu nutzen. Aber mit der starken Verbreitung der Mobiltelefone und anderer portabler und netzwerkfähiger Geräte und mit der Verbilligung der nötigen Kommunikationstechniken hat sich diese Entwicklung enorm beschleunigt. So sehr, dass die Grenze zwischen ortsgebundenem und mobilem Internet immer stärker verschwindet.

Kurz: Das Internet sieht heute schon wieder völlig anders aus als vor vier Jahren, und es wird auch ganz anders genutzt. Aus diesem Grund haben wir für diese Neuauflage den Ratgeber vollständig überarbeitet. Neu integriert wurde der bisher separat herausgegebene Ratgeber «Die eigene Homepage».

Geblieben ist der Titel. Denn nach wie vor ist dies zweifellos das wichtigste Problem im Umgang mit dem Internet: Es sinnvoll zu nutzen.

Die aktuelle Ausgabe wurde Ende 2009 bis Anfang 2010 komplett aktualisiert und überarbeitet.

Verlag und Autor,
März 2010

Inhalt

11 Links

12 Stichwortverzeichnis

Einführung
Die Revolution der Kommunikation

Innerhalb nicht einmal einer ganzen Generation hat sich das Internet von einer Angelegenheit für Spezialisten zu einem Kommunikationssystem entwickelt, das den ganzen Alltag der meisten Leute durchdringt und bestimmt.

Es war vor vielleicht 15 Jahren, als der Begriff «Internet» in der Schweiz zum ersten Mal ausserhalb der Fachwelt auftauchte. Damals allerdings war dieses Netz noch ausschliesslich eine Sache für Spezialisten und Angefressene, für Bastler, die profunde Computerkenntnisse und gute Nerven hatten. In den USA hatte das Militär an der Vernetzung von Computern starkes Interesse, und auch an den Universitäten wurde es früh für die Dokumentensuche und den Kontakt mit anderen Forschenden genutzt.

Ein wichtiges Ereignis für die Öffnung des Internets für den allgemeinen Gebrauch kann allerdings genau datiert werden: die Veröffentlichung der Spezifikationen für das World Wide Web, WWW, durch das Kernforschungszentrum Cern in Genf am 30. April 1993. Damit wurde das Netz auf einmal viel einfacher zu bedienen. Das WWW mit seinen neuen Standards machte den Siegeszug dieser Kommunikationstechnik und -form überhaupt erst möglich (siehe Seite 11).

Seither hat sich das Internet rasant entwickelt, und man darf mit gutem Recht behaupten, dass es die grösste Veränderung in der menschlichen Kommunikation gebracht hat seit der Erfindung des Buchdrucks vor 500 Jahren – nur dass der Buchdruck und seine Produkte wie Bücher und Zeitungen Jahrhunderte brauchten, bis sie wirklich für eine breite Öffentlichkeit zugänglich wurden. Beim Internet hat dies gerade etwa die Zeit einer Generation gedauert!

Heute sind in Unternehmen und Büros die meisten Computer mit der Aussenwelt vernetzt, und die Benutzerinnen und Benutzer arbeiten regelmässig mit Mail- und Chatprogrammen und nutzen den Webbrowser so selbstverständlich wie das Text- oder Tabellenprogramm. Dass sie dabei jedes Mal Kontakt nach aussen aufnehmen, fällt ihnen gar nicht auf, ausser wenn die Verbindung nicht zustande kommt oder sehr langsam ist.

Drei Viertel der Schweizer Bevölkerung sind im Netz
Auch die meisten der privat genutzten Computer sind heute ans Netz angeschlossen: Gemäss dem Bundesamt für Statistik (www.bfs.admin.ch) verfügten Ende 2007 70,5 Prozent der Schweizer Haushalte über einen Internetzugang, drei Viertel davon sind Breitband-Zugänge.

Und diese Anschlüsse werden rege benützt: Die Internetstudie «Net-Metrix-Profile» ergab, dass Ende 2009 81 Prozent der Schweizerinnen und Schweizer das Internet nutzten, 61 Prozent sogar täglich oder fast täglich.

Zugang zum Internet erhält man auf verschiedene Arten. Bürocomputer sind heute fast immer mit leistungsfähigen Verbindungen ständig ans Internet angeschlossen. Zu Hause läuft der Weg ins Netz meist über das heimische Telefon- oder TV-Kabel, aber immer besser und immer schneller gelangt man auch drahtlos per Handy oder über WLAN-Hotspots ins Netz – zu viel attraktiveren Preisen als noch vor ein paar Jahren.

Anderseits sind auch immer mehr Geräte internettauglich: Neue «normale» Computer, also Desktop-Geräte und Notebooks, sind schon seit einigen Jahren grundsätzlich mit dem Zubehör ausgerüstet, das man für den Internetzugang braucht, und auch die nötigen Programme wie die Verbindungssoftware, der Browser und das Mailprogramm sind bereits installiert.

Doch heute sind auch viele andere Geräte netztauglich, in erster Linie Organizer und Handys. Mit ihnen kann man WWW-Inhalte nutzen und Mails empfangen und versenden – ob von zu Hause, aus dem Büro, aus dem fahrenden Zug oder dem Gartenlokal, wird unwichtig. Dann aber auch etwa Spielkonsolen – wie Sonys Playstation, mit der man Spiele online herunterladen kann – und Musikplayer – einige Modelle des iPod von Apple, mit denen man auch surfen und mailen kann – sind netztauglich.

Schliesslich nimmt die Zahl der Anwendungen zu, welche man gar nicht bemerkt, wie industrielle Fernüberwachungs- und -steuerungssysteme, die ihre Funktion

ohne menschliches Zutun erfüllen und sich auch der Internettechniken bedienen.

Kurz: Die Vernetzung und die Kommunikation haben in den letzten Jahren enorme Entwicklungen durchlaufen, sodass eine Welt ohne Internet nicht mehr vorstellbar ist.

Aber was ist das Internet eigentlich genau?

Auch wenn das Internet heute meist «einfach so» da ist und funktioniert, wollen wir kurz auf den Aufbau und die Funktionsweise eingehen.

Ursprünglich wurde das Internet geschaffen, um verschiedene bestehende Netzwerke miteinander zu verbinden (siehe Abschnitt «Ein wenig Historie» auf Seite 15). Und noch heute kann es definiert werden als die Gesamtheit aller Computernetzwerke der Welt. Wichtig dabei ist, dass diese sich untereinander gewissermassen auf eine gemeinsame Sprache – der Fachausdruck dafür lautet Proto-

Computer müssen wie Menschen nach genau definierten Regeln kommunizieren, sonst verstehen sie sich nicht. Diese Regeln werden als «Protokoll» bezeichnet. Das Internet zum Beispiel basiert grundsätzlich auf zwei solchen Protokollen, welche «paketorientiert» funktionieren. Paketorientiert heisst, dass die Informationen – wie ein E-Mail oder der Inhalt einer Webseite – in kleinste Informationseinheiten (Pakete) aufgeteilt werden, die separat verschickt werden und auch nicht alle denselben Weg nehmen müssen. Ein Gegenbeispiel ist das Telefonnetz, das die Daten kontinuierlich überträgt.

Das «Internet Protocol» (IP) teilt die grossen Datenmengen der Dateien in kleine Pakete auf und sendet sie an die gewünschte Adresse. Das «Transmission Control Protocol» (TCP) ist für die Nummerierung der IP-Pakete zuständig und dafür, dass die Pakete beim Empfänger wieder richtig zusammengesetzt werden. Ausserdem prüft es, ob die Daten auch alle unbeschädigt ankommen, andernfalls sorgt es dafür, dass sie noch einmal übermittelt werden.

Das kann man sich ungefähr so vorstellen, als ob man einen langen Text in einzelnen Portionen per normale Briefpost verschicken würde. Dazu teilt man den Text in kurze Stücke auf, und jedes Stück wird in einem separaten Briefumschlag zusammen mit den wichtigen Informationen über Absender, Empfänger sowie die richtige Einbindung im Gesamttext verschickt. Am Ziel werden die Teile dann wieder in der richtigen Reihenfolge aneinandergefügt.

Wichtig ist zudem, dass diese Protokolle von jedem Computer, jedem Betriebssystem verstanden werden, wodurch diese miteinander kommunizieren können – etwas, was vor zwanzig Jahren noch keineswegs selbstverständlich war.

koll oder Übertragungsprotokoll – geeinigt haben, das TCP/IP (siehe Kasten oben).

Für den Internetnutzer ist das wichtigste Netzwerk jenes, welches ihm den Zugang zum Internet verschafft. Für Privatanwender ist es das Netzwerk des Providers (siehe Grafik rechts), in der Firma ist es das Firmennetzwerk, das damit eigentlich ein Provider-Netzwerk wird.

Dieses Netzwerk enthält die Infrastruktur, welche die meisten Benutzer nicht zur Verfügung haben und sich auch nicht leisten können: Dazu gehören etwa ein ständig empfangsbereiter Mailserver, leistungsfähige Verbindungen zu anderen Netzwerken oder – was heute immer wichtiger wird – alle möglichen Sicherheitsinstallationen zur Abwehr von unerwünschten Eindringlingen wie Viren oder Spam-Mails.

Allerdings merkt man als Benutzer von diesen verschiedenen Netzwerken nichts: Indem man sich mit dem PC, dem Handy oder mit welchem Endgerät auch immer beim Provider einwählt, stellt man die Verbindung zum Internet her und hat damit Zugang zu allen anderen angeschlossenen und zugänglichen Computern der ganzen Welt. Umgekehrt wird man auf die-

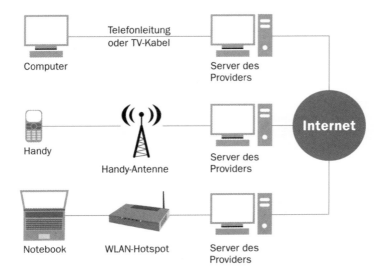

Tor zum Internet: Privatnutzer gelangen über einen Provider ins Internet, zu Hause entweder über TV- oder Telefonkabel, unterwegs über das Handy oder über einen WLAN-Hotspot. Der Server des Providers ist gewissermassen das Eingangstor zum Netz, wobei der Provider selber schon Teil des Internets ist, und das gilt auch für den Nutzer, sobald die Verbindung aufgebaut ist.

se Weise gleichzeitig selber für diese erreichbar – der eigene Computer wird somit auch Teil des Internets.

Das WWW ist zum Synonym für Internet geworden
Die «Erfindung» des World Wide Web machte es möglich, dass das Internet zum alltäglichen Arbeits- und Informationsinstrument wurde. Dessen grosse Vorteile sind einerseits das Zusammenwachsen von früher getrennten Teilen und andererseits die Vereinfachung und Integration der dafür nötigen Software. Zuvor bestand das Internet aus mehreren verschiedenen Diensten wie E-Mail, FTP, IRC

(Chat), News (Usenet) und anderen, die alle unterschiedliche Übermittlungsstandards benutzten und für die man verschiedene Programme installiert haben und bedienen musste. Heute sind die meisten Dienste mit einer einzigen Software, dem Browser, benutzbar.

Wer vom Internet spricht, meint also meist eigentlich das WWW, welches mit dem Browser genutzt wird. Auf den meisten Computern ist dies der Internet Explorer von Microsoft, stark verbreitet ist auch Firefox, ein anderer ist Safari, der Browser des Mac-Betriebssystems OS X.

Nicht nur, dass diese verschiedenen Anwendungen heute alle

Im WWW trifft man sehr oft auf den Begriff HTML in verschiedenen Zusammenhängen. Vor allem in Adressen, welche mit html enden (oder nur htm, was auf dasselbe herauskommt).

HTML oder Hyper Text Markup Language ist die Sprache, in der die Seiten des WWW geschrieben sind. Sie ist eines der Elemente des WWW, die im Cern in Genf Ende der Achtzigerjahre entwickelt wurden, und hat sich als Standard für das WWW durchgesetzt.

Das Bestechende an HTML sind seine Einfachheit und Logik sowie die Tatsache, dass es wenig Datenverkehr erzeugt: Wenn der Browser des Nutzers beim Server ein Dokument holt, so übermittelt HTML zum einen die eigentlichen Informationen (Texte und Bilder) und zum anderen die Angaben, wie der Browser diese darstellen soll. Die eigentliche «Arbeit» der Seitengestaltung übernimmt dann der Browser.

HTML ist bis heute die wichtigste Grundlage geblieben, auf der WWW-Inhalte aufbauen. Seit dem Start wurde es auch weiterentwickelt und um zusätzliche Möglichkeiten erweitert. Die gegenwärtig gültige Version heisst HTML 4, eine Version HTML 5 ist in Entwicklung. Allerdings wurden später wichtige zusätzliche Techniken entwickelt, die heute ebenfalls zum Standard gehören. So die Formatierungssprache Cascading Stylesheets (CSS), die es ermöglicht, grössere Websites besser klar und einheitlich zu gestalten. Oder JavaScript, eine Programmiersprache, die es erlaubt, innerhalb von HTML-Seiten, die selber grundsätzlich statisch sind, einfache Operationen auszuführen. Dies können etwa Berechnungen sein oder die Überprüfung in einem Formular, ob alle Felder ausgefüllt sind.

HTTP, Hyper Text Transfer Protocol, hingegen ist das Verbindungsprotokoll, mit dem die Daten für die Webseiten übermittelt werden.

mit einem einzigen Programm benutzt werden können, im WWW wurde die Benutzung auch durch die Erfindung der «Hyperlinks» stark vereinfacht, zuvor hatte man mit teilweise recht komplizierten Textbefehlen arbeiten müssen, um durch die verschiedenen Elemente zu navigieren. Die Grundlage dieser Technik sind die Seitenbeschreibungssprache HTML und das Protokoll Hyper Text Transfer Protocol HTTP (siehe Kasten).

Ausserdem wurde es im WWW erstmals möglich, die Seiten zu gestalten, also mit Farben, Schriftarten und -grössen zu arbeiten. Auch Bilder konnten erstmals in die Seiten eingebunden werden.

Damit wurde das Internet einerseits auch für weniger erfahrene Computeranwenderinnen und -anwender interessant, anderseits wurde es nun von kommerziellen Anbietern und Nutzern entdeckt. Jetzt wurde es möglich, etwa Firmenprospekte mit Produkten oder Nachrichten von Zeitungen und Zeitschriften attraktiv auf dem Bildschirm darzustellen.

E-Mail ist ein eigenständiger Internetdienst geblieben

Der einzige der früheren Dienste, der diese Verschmelzung im Web wirklich «überlebt» hat und von vielen Benutzern auch heute noch als eigenständiger wahrgenommen wird, ist E-Mail. Gewiss deshalb, weil er sehr intensiv genutzt wird: So nutzen laut dem Bundesamt für Statistik 88 Prozent der Leute das

Internet zum Versenden und Empfangen von E-Mails. Gleich danach folgen die Nutzung von Suchmaschinen und das Einholen von Fahr-, Flug- und anderen Reiseinformationen mit Werten von über 70 Prozent.

Andere Dienste wie FTP (mit dem grössere Datenmengen wie zum Beispiel ganze Programme oder grosse Bilder übermittelt werden können) oder Chat (ein Kommunikationssystem) gibt es zwar noch immer, aber sie werden heute sehr oft mit dem Web-Browser statt mit einem eigenen Programm genutzt.

Dasselbe gilt allerdings auch für Mail: Zwar ist auf jedem neuen Computer ein eigenes Mailprogramm installiert; auf Windows-Computern zum Beispiel Outlook, auf Macs Apple Mail, auf anderen etwa Mozilla Thunderbird. Aber viele Leute empfangen und verschicken Mails über den Browser, über ein sogenanntes Web-Mail.

Technisch funktionieren die traditionellen Mailsysteme und -programme nach einem eigenen Standard, die Web-Mail-Dienste verwenden das HTTP-Protokoll des WWW (mehr dazu im Kapitel 4).

E-Mail funktioniert im Prinzip wie die normale Briefpost: Jemand schickt eine Meldung an eine andere Person. Falls die Adresse korrekt ist, wird diese (in der Regel) am Ziel abgeliefert und kann gelesen werden, sobald der Empfänger beziehungsweise die Empfängerin den eigenen Briefkasten leert.

Beim Chat hingegen handelt es sich um ein Diskussionsforum mit geschriebenem Text, in dem sich alle im Moment dort angemeldeten Teilnehmerinnen und Teilnehmer äussern können, ihre Mitteilungen erscheinen sofort und fortlaufend auf allen angeschlossenen Bildschirmen, also bei allen angemeldeten Teilnehmerinnen und Teilnehmern.

Messengerdienste erlauben die Kommunikation mit ausgewählten beziehungsweise direkt adressierten Personen (wie Mail), aber in Echtzeit (wie Chat). Ausführlichere Informationen über Chat und Messenger finden Sie im Kapitel 5).

FTP, File Transfer Protocol, ist ein wichtiger Dienst des Internets, auch wenn er viel weniger bekannt ist als etwa Mail. Er dient dazu, grössere Datenmengen wie Programme zu übermitteln. War dafür früher ein separates Programm erforderlich, so erledigt dies heute auch ganz komfortabel der Browser, denn er versteht das FTP-Protokoll.

Das WWW als umfassendes Kommunikationsinstrument
Diese Integration verschiedener Anwendungen hat das WWW zu einem starken und nützlichen Kommunikationsinstrument gemacht. Texte, Bilder, Töne lassen sich so rasch auf der ganzen Welt verbreiten, und dies in den verschiedensten Formen:

■ Kommunikation allgemein: Der einfache und schnelle Informationsaustausch zwischen Einzelpersonen und innerhalb von Gruppen ist eine der beliebtesten und meistgenutzten Funktionen des

Internets. Und die Möglichkeiten haben sich in den letzten Jahren massiv erweitert. War man in den Anfängen des Internets auf eher kurze Textnachrichten beschränkt, lassen sich heute mit verschiedenen Techniken neben Textdokumenten auch Bilder, Musikstücke und Videos hin und her schicken.

Die Möglichkeiten des Web sind buchstäblich grenzenlos
Die Anwendungen sind nahezu grenzenlos: In sogenannten Communitys tauschen Gleichgesinnte Informationen über ein Thema aus, seien es Kochrezepte, Erfahrungen über Autos, Trainingstipps für den Sport oder was auch immer. In Online-Kontaktbörsen lernen sich Liebes- und Heiratswillige kennen, die sich ohne Internet nie begegnet wären.

Und wie bereits erwähnt, ist E-Mail, also die elektronische Briefpost, die meistgenutzte Funktion des Internets: Die Möglichkeit, zu jeder Tages- und Nachtzeit eine Mitteilung an jemanden irgendwo in der Welt abzuschicken, von jedem Internetcomputer aus, in welchem Land auch immer, den eigenen Briefkasten zu leeren, während der Arbeitszeit laufend mit Kolleginnen und Kollegen irgendwo in Kontakt zu stehen, auf einfachste Art und Weise Dokumente zu verschicken, vom Briefentwurf über Dokumentationen bis zum Ferienfoto – E-Mail hat zweifellos in den letzten Jahren die zwischenmenschliche Kommunikation innerhalb weniger Jahre stark verändert.

■ Einkaufen, Versteigern: Zwar ist es bei Weitem noch keine Mehrheit, die im Internet einkauft – im Lebensmittelsektor werden rund 2 Prozent aller Waren auf diesem Weg gekauft, laut Bundesamt für Statistik im Jahr 2006 für insgesamt 2,5 Milliarden Franken –, aber die Tendenz ist steigend. Der Online-Laden der Migors, www. leshop.ch zum Beispiel steigerte seinen Umsatz 2008 gegenüber dem Vorjahr um 22 Prozent auf 112 Millionen Franken. Noch beeindruckender ist der Siegeszug der Versteigerungssites, auf denen Private und Professionelle alles Mögliche anbieten: Auf Ebay, der grössten dieser Plattformen, wurden 2008 weltweit Waren für 60 Milliarden Dollar gehandelt.
■ Zeitungs- und Zeitschriftenartikel sind im Web abrufbar und machen es möglich, dass auch Leserinnen und Leser in Asien, Amerika oder Australien in der aktuellen Ausgabe von NZZ (www.nzz.ch), «Blick» (www.blick.ch) oder «24 heures» (www.24heures.ch) und vieler anderer Zeitungen blättern können.
■ Dienstleistungsangebote vom SBB-Fahrplan (www.sbb.ch) über die wichtigsten Informationen und öffentlichen Angebote von Städten und Gemeinden (Beispiel www. stadt-winterthur.ch) bis zu Kinoprogrammen aus der ganzen Schweiz (www.cineman.ch oder http://outnow.ch/kinoprogramm) sind rund um die Uhr verfügbar.
■ Spiele: Ob für Online-Spiele vom Puzzle über Geschicklichkeitsspiele (www.comicgames.ch) und On-

line-Schach (www.chess.com) bis zum guten alten Zahlenlotto zum Ankreuzen (auf www.swisslotto.ch) oder Spiele zum Downloaden wie etwa auf de.download.games.yahoo.net – das Internet ist zum weltweiten Spielplatz geworden.

■ Programm-Downloads: Von Neulingen im Internet oft noch mit Skepsis betrachtet, ist das Herunterladen von Programmen eine recht wichtige Anwendung im Internet. Die Menge von kommerziellen und nichtkommerziellen Programmen ist heute unendlich gross geworden. Ob es sich um ein ganzes Office-Paket handelt, um ein Update für einen kleinen Gerätetreiber oder um ein Lernprogramm – das Internet als Distributionskanal ist heute nicht mehr wegzudenken.

**Ein wenig Historie,
ein paar Worte zur Technik**
Die Anfänge des Internets gehen zurück in die Sechzigerjahre des letzten Jahrhunderts, als Forscher neue Konzepte für Netzwerke und Datenübertragung entwickelten. 1969 entstand daraus mit Unterstützung des US-Verteidigungsministeriums der Vorfahre des Internets, das Arpanet: Drei Computer in Kalifornien wurden mit einem vierten in Utah verbunden.

Da das Arpanet recht gut funktionierte, wollten sich bald andere Institutionen daran beteiligen. Vor allem die Universitäten waren sehr daran interessiert, zu wissenschaftlichen Zwecken Daten rasch und einfach untereinander auszutauschen, und sie erkannten, dass das Arpanet dafür eine ideale Voraussetzung bot.

Deshalb schlossen sie ihre Computer an das Netz an, worauf dieses rasch anwuchs. Nach einiger Zeit wurde dann das militärische vom universitären Netz abgetrennt. Was blieb, ist die gemeinsame Sprache, das Internet Protocol, abgekürzt IP. Damit war das Internet geboren: 1983 waren 200 Computer vernetzt und immer neue kamen hinzu.

Der wichtigste Grund für die Vernetzung damals war der, dass Wissenschaftler an den Universitäten über das Netz den Zugang zu grösseren Rechenkapazitäten suchten, als ihnen in ihrer eigenen Umgebung zur Verfügung standen. So etwa über das NSFNet der amerikanischen National Science Foundation (NSF), das Wissenschaftlern via Arpanet den Zugang zu fünf NSF-Grossrechnern anbot.

Damals gab es noch keine Personalcomputer, die Benutzer hatten nur eine Eingabestation, einen sogenannten Terminal, der mit einem Grossrechner verbunden war. Dieser führte die ganze Rechnungsarbeit aus und übermittelte die Resultate anschliessend auf den Terminal zurück, der sie lediglich auf dem Bildschirm des Nutzers anzeige.

Bis zum Anfang der Neunzigerjahre des letzten Jahrhunderts war das Internet weitgehend der wissenschaftlichen Arbeit vorbehalten, und die Programme waren entsprechend auch nicht auf möglichst einfache alltagstaugliche Benutzung ausgerichtet. Doch

Bereichskürzel (Auswahl)

com	commercial	Firmen, kommerzielle Institutionen
org	organizations	diverse Organisationen, etwa gemeinnütziger Art
net	network	haben mit der Internet-organisation zu tun
edu	education	Schul- und Erziehungswesen
gov	government	US-Regierungsorganisationen (ausser Militär)
biz	business	Firmen, Geschäfte
info	information	Informationsanbieter
name	name	Privatpersonen

Die meisten dieser Kürzel sind frei zugänglich, sodass die Endung nur bedingt über den Charakter des Halters Auskunft gibt. So ist es für jemanden mit dem Namen Daniela Müller kein Problem, die Domains danielamueller.com, org und net zu reservieren, falls diese noch frei sind. Die mit Abstand am meisten verbreitete Endung ist com.

Länderkürzel (Auswahl)

be: Belgien, ch: Schweiz, de: Deutschland, dk: Dänemark, es: Spanien, fr: Frankreich, gr: Griechenland, at: Österreich, in: Indien, it: Italien, se: Schweden, uk: Grossbritannien, hu: Ungarn, eu: Europa (EU). Einige Länder machen innerhalb ihrer Länder-Domain weitere Untergruppen, zum Beispiel Grossbritannien mit co.uk und org.uk.

Gewisse Länder haben ihr Kürzel auch – gegen Bezahlung – freigegeben, so etwa der Pazifik-Inselstaat Tuvalu, sodass jetzt auf der ganzen Welt Fernsehstationen dieses Kürzel verwenden, darunter auch das Schweizer Fernsehen: sf.tv.

dann entstand das World Wide Web, und das Internet wurde für eine breite Öffentlichkeit benutzbar.

Mit der Entwicklung des WWW wurde das Netz kommerziell

Dadurch wurden immer mehr kommerzielle Netzwerke aufgebaut, deren Betreiber ein Interesse hatten, dass sich möglichst viele Benutzerinnen und Benutzer anschlossen. Gleichzeitig wurden jetzt auch öffentliche Netzwerke aufgebaut und betrieben, meistens von Telefongesellschaften oder nationalen Providern.

Alle diese Netze sind mittels IP untereinander verknüpft. Um mit einem Internetbenutzer in Australien kommunizieren zu können, müssen Sie nicht direkt mit Australien verbunden sein. Die Daten werden von einem Netzwerk ins nächste geleitet, bis sie am Ziel angelangt sind.

Bei der Entwicklung des Arpanets war es ein primäres Ziel, das Netzwerk so zu bauen, dass es auch unter widrigsten Umständen funktionieren würde. Deshalb baute man nicht eine feste Verbindung zwischen Computern auf, sondern entwickelte ein Verfahren, bei dem die Daten sich selber einen Weg zum Ziel suchen und dabei auch Umwege machen können.

Sie finden den Weg mit der Hilfe von Routern, Wegweiser-Computern, die ein Datenpaket empfangen und dank seiner Codierung wissen, wohin sie es weiterleiten sollen. Dazu schicken sie es an den nächsten Router, der die Daten wiederum weiterleiten kann.

So geht es Schritt für Schritt weiter, bis das Datenpaket am Ziel ist. Welchen Weg es zurückgelegt hat, ist weitgehend zufällig, und es muss keineswegs ein direkter Weg sein. Es ist möglich, dass die Anfrage einer Internetsurferin in Genf, die einen Server in Zürich besuchen will, zuerst in die USA geht, dann nach Deutschland und am Schluss in Zürich landet. In den allermeisten Fällen sind die Wege allerdings viel kürzer. Die einzelnen Pakete einer Datei müssen auch keineswegs alle denselben Weg nehmen. Wenn sie alle am Ziel angelangt sind, sorgt das TCP selbständig dafür, dass sie wieder richtig zusammengesetzt werden.

Das Netz hat keine Zentrale und gehört niemandem
In einer Hinsicht ist das Internet ein Unikum: Das Internet gehört niemandem oder allen gemeinsam. Das liegt natürlich vor allem daran, dass es «das Internet» als Sache gar nicht gibt. Was es gibt, sind viele einzelne Netzwerke als seine Elemente oder Teile, die jeweils einen Besitzer haben: eine Firma, welche ihre Arbeitsplätze vernetzt, eine Universität, eine Telefongesellschaft.

Das Internet als Ganzes hat aber weder Besitzer noch Regierung oder Direktion. Damit nicht das Chaos ausbricht, gibt es jedoch einige allgemein anerkannte Organisationen, die bestimmte Dinge regeln.

Sehr wichtig ist die ICANN (www.icann.org), die Internet Corporation for Assigned Names and Numbers; sie vergibt und organisiert die IP-Adressen und die Top-Level-Domains (siehe Kasten links). In den einzelnen Ländern delegiert sie diese Aufgabe jeweils an lokale Firmen, die dann in einem bestimmten Gebiet dafür zuständig sind, die Second-Level Domains zu vergeben und zu verwalten. In der Schweiz ist dies die Switch, eine vom Bund eingesetzte Stiftung mit dem Zweck, ein Netzwerk für Hochschule und Forschung aufzubauen und zu unterhalten (www.switch.ch).

Das World Wide Web Consortium schliesslich (www.w3.org) kümmert sich um die wichtigsten Standards im Web.

Entsprechend ist es mit dem Bezahlen: Die Besitzer der einzelnen Netzwerke – Firmen, öffentliche Institutionen, Telefongesellschaften – finanzieren diese selber oder kassieren Beiträge von ihren Kunden, aber auch für die Abrechnung gibt es keine zentrale Stelle.

Stösst das Internet demnächst an seine Grenzen?
Neben dem Internet Protocol IP ist auch das Adresssystem des Internets seit Beginn dasselbe geblieben – und offensichtlich hat es sich bewährt. Die Bezeichnung dafür lautet Domain-Name-System: Jeder Computer im Internet hat eine eindeutige Adresse, die IP-Adresse. Genauer gesagt ist es eine Nummer. Sie besteht aus vier Zahlenblöcken mit insgesamt bis zu zwölf Ziffern, die durch Punkte getrennt sind, zum Beispiel: 217.150.251.15.

Da die Menschen mit dieser Art von Adresse recht wenig anfangen können, gibt es spezielle Computer für die Übersetzung der Zahlenadressen in Wortadressen und umgekehrt, diese heissen DNS-

Fortsetzung auf Seite 19

17

Jeder Computer im Internet hat eine eindeutige Adresse: die IP-Adresse, eine Zahl aus vier Blöcken zu höchstens drei Stellen. Damit stehen über vier Milliarden Möglichkeiten zur Verfügung. Beispiel: 194.50.176.190 ist die IP-Adresse der Domain konsumentenschutz.ch.

Geben Sie zum Beispiel die Adresse www.konsumentenschutz.ch in Ihrem Browser ein, so übersetzt der zuständige DNS-Server diese Adresse in die IP-Adresse 194.50.176.190 und leitet Ihre Anfrage so an einen Server der Firma weiter, der die Site der Stiftung für Konsumentenschutz beherbergt.

Die Zuordnung von IP-Adressen und Domainname lässt sich zum Beispiel bei www.gaijin.at/olsnsl überprüfen.

Wenn hinter einer solchen Adresse noch weitere Begriffe stehen, bezeichnen diese nichts anderes als die Unterverzeichnisse auf diesem bestimmten Server.

■ Beispiel k-tipp.ch:

.ch: Von hinten angefangen kommt zuerst die **Top-Level-Domain**, also die oberste Ebene mit der Länder- oder Bereichsendung, hier .ch für die Schweiz (siehe Kasten auf Seite 16).

k-tipp: Die zweite Ebene, die **Second-Level-Domain.** Sie bezeichnet den Namen des Servers, der meist benannt ist nach der Organisation oder Firma. Diese beiden Elemente zusammen bilden den Domain-Namen. Wem diese Domain gehört, lässt sich (für die Schweiz) bei der Adresse www.switch.ch herausfinden.

Mit diesem Adresssystem kann man nicht nur jeden Computer, sondern sogar jede Seite im Internet genau bezeichnen. Dazu dient die vollständige Adresse, der **URL** oder **Unique Resource Locator**.

Er besteht aus folgenden Elementen: Zuerst kommt die Angabe darüber, welchen Dienst der gesuchte Server anbietet. Im WWW ist dies in der Regel http (Hyper Text Transfer Protocol), die übliche Sprache des WWW. Andere Möglichkeiten sind ftp (File Transfer Protocol) – dies bezeichnet einen Server, der Dateien zum Herunterladen anbietet – oder mail – ein Postserver.

Anschliessend folgt ein Trennzeichen in der Form :// und dahinter der Domain-Name.

Alles, was hinter einem allfälligen weiteren Schrägstrich (englisch: slash) steht, bezeichnet den genauen Ort einer Datei auf diesem Server, etwa: /themen/gesundheit_umwelt/index.php.

Die ganze Adresse lautet damit so: www.ktipp.ch/themen/gesundheit_umwelt/index.php. Diese Adresse beziehungsweise dieser URL zeigt auf die Übersichtsseite der aktuellen Gesundheitsthemen auf der K-Tipp-Site. Grundsätzlich kann man auch noch die weiteren Seiten mit diesem System ablegen, aber da eine grössere Site heute sehr viele Seiten enthält, ist der Adressaufbau nicht immer gleich verständlich. Umso mehr, als viele Seiten aus Datenbank-Abfragen aufgebaut werden, die nach einer eigenen Struktur funktionieren. So kann der URL einer SBB-Fahrplanseite etwa so aussehen: http://fahrplan.sbb.ch/bin/query.exe/dn?seqnr=1&ident=9a.03608220.1210868537&REQ0HafasScrollDir=1.

Anderseits kann ein Site-Betreiber den Domain-Namen vorn ergänzen, etwa um verschiedene Subsites anzusprechen. Diese Ergänzungen müssen durch einen Punkt abgetrennt sein.

Beispiel: Die Domain des Bundes heisst admin.ch, über www.admin.ch gelangt man entsprechend auf die Homepage des Bundes. Daneben haben die einzelnen Departemente ihre Subsites mit den entsprechenden Kürzeln; so landet man mit der Eingabe von www.eda.admin.ch direkt auf der Site des EDA, des Departementes für auswärtige Angelegenheiten, mit www.statistik.admin.ch auf der Site des Bundesamts für Statistik.

Fortsetzung von Seite 17

Server. Die Wort-Adressen werden als Domain-Namen bezeichnet, und sie sind nach einem klaren System aufgebaut, dem Domain-Name-System, abgekürzt DNS (siehe Kasten links). Jeder am Netz angeschlossene Computer hat einen für ihn zuständigen DNS-Server, der dafür sorgt, dass die Daten am richtigen Ziel ankommen.

Allerdings schafft dieses System demnächst ein Problem, denn irgendwann werden die Adressen ausgehen: Mit den heutigen Ziffernkombinationen können 2^{32} verschiedene Adressen gebildet werden, das sind knapp 4,3 Milliarden. Wenn man sich bewusst ist, dass in Firmen-Netzwerken jeder Computer, jeder Drucker und Fotokopierer, dass immer mehr Telefone, aber auch jedes Handy, das sich ins Internet verbindet, dass ferngesteuerte Produktionsmaschinen, Geräte der Haustechnik und auch immer mehr Kühlschränke, Kochherde – kurz jedes Gerät, das übers Internet vernetzt ist, eine eigene IP-Adresse braucht, ist dies nachvollziehbar. Deshalb ist ein neues System in Arbeit, das 2^{128} Adressen ermöglicht. Wie viele das sind, lässt sich hier nicht ausschreiben, aber es sind pro Quadratmeter der Erdoberfläche mehr, als jetzt für die ganze Welt zur Verfügung stehen.

Denn es gibt neben den Geräten, die wir als mit dem Internet verbunden wahrnehmen, immer mehr sogenannte «Embedded Systems», auf Deutsch etwa «Integrierte Systeme». Dies sind kleinste Computer, die in Konsumprodukten wie Haushalt- und Bürogeräten, in Maschinensteuerungen, Autos oder in Anlagen für Zugangskontrolle, Überwachung, Alarmierung oder Signalisation eingebaut sind und dort meist relativ simple und genau definierte Aufgaben haben.

90 Prozent aller Mikroprozessoren werden nicht in PCs, sondern in Alltagsprodukten verwendet, wo sie Prozesse kontrollieren und steuern, etwa die Temperatur eines Backofens, die Helligkeitssensoren eines Fotokopierers. Allein ein modernes Auto hat rund 50 Mikroprozessoren eingebaut, die Motorfunktionen, Bremsen, Türsicherung, Airbags und viele weitere Prozesse steuern. Solche Mikrocomputer können grundsätzlich ans Internet angeschlossen werden.

Selbständig nehmen sie die Verbindung zu irgendeinem zentralen Computer auf, mit dem sie Daten austauschen, und erledigen vielfältige Aufgaben, überwachen Produktionsprozesse und melden die Ergebnisse an eine Kontrollstelle, stellen fest, wenn jemand unbefugt ein Gebäude betritt, und melden dies weiter oder liefern Verkaufszahlen aus Automaten an die Zentrale.

**Der Datenverkehr
hat enorm zugenommen**
Diese enorm rasche Verbreitung des Datenaustauschs schafft allerdings nicht nur für die Adres-

19

sierung Probleme. Zwei weitere Tendenzen könnten in absehbarer Zeit zu Schwierigkeiten führen. Das eine ist eine von gewissen Fachleuten befürchtete Überlastung der Netze, das andere der grosse Energiebedarf.

Vor allem die Möglichkeit, ganze Videos über das Netz zu transportieren, belastet die Leitungen enorm. So hat allein die Video-Site Youtube im Jahr 2007 so viel Kapazität beansprucht wie im Jahr 2000 das gesamte Internet. Ende 2007 veröffentlichte das US-Forschungsunternehmen Nemertes Research Group eine Untersuchung, wonach sich der Kapazitätsbedarf für das ganze Netz ungefähr alle eineinhalb Jahre verdoppelt, und deshalb werde es ab etwa 2011 an seine Grenzen kommen. Zwar erwartet dann wohl niemand, dass das Netz kollabiert, aber dass es vor allem für normale Benutzer, die das Internet gratis benutzen wollen, langsamer wird, ist keineswegs auszuschliessen. Angeblich, so das Internetunternehmen Akami, ist das Netz bereits im zweiten Quartal 2009 um 11 Prozent langsamer geworden – wenn man dies überhaupt messen und präzise beziffern kann.

Interessant ist auch, dass sich das Internet «konzentriert»: auf immer weniger grosse Anbieter. 30 Unternehmen, die zusammen 150 Netzwerke besitzen, sind zusammen für rund die Hälfte des gesamten Datenverkehrs verantwortlich. Dazu gehört insbesondere Google mit seiner Suchmaschine und den anderen Diensten, aber auch Youtube sowie Microsoft und Facebook.

Schliesslich rückt auch die Tatsache allmählich in das Bewusstsein der Öffentlichkeit, dass das Internet grosse Mengen an Energie konsumiert. So hat ein deutsches Unternehmen errechnet, dass jede Suchanfrage bei Google so viel Strom verbraucht wie eine Energiesparlampe in einer Stunde. Allerdings stammt diese Zahl von 2005/2006 und dürfte heute eher tiefer liegen. Gesamthaft, so hat das deutsche Umweltministerium geschätzt, braucht das Internet über 2 Prozent des gesamten Strombedarfs des Landes. Und es verbraucht keineswegs nur einfach «sauberen» Strom: Eine US-Studie behauptet, dass die ganze Informationstechnik – das wäre allerdings wesentlich mehr als nur das Internet, zudem sind hier auch Bau und Entsorgung eingerechnet – heute für rund 2 Prozent der weltweiten CO_2-Produktion verantwortlich ist, das ist etwa gleich viel wie der gesamte Flugverkehr!

Immerhin hat die Branche erkannt, dass dies ein Problem ist, und nicht nur angesichts der steigenden Erdölpreise, welche die Energieerzeugung allgemein verteuern, sondern auch wegen der immer grösseren Maschinenparks wird die Energieeffizienz von Geräten und Techniken zunehmend zu einem Verkaufsargument.

Wie auch immer sich das Internet entwickelt, eines ist gewiss: In der kurzen Zeit, seitdem es existiert, hat es bereits eine solch grosse Bedeutung erreicht, dass es weder zusammenbrechen noch sonstwie völlig funktionsunfähig werden kann. Es wird also – in welcher Form und in welchem Zustand auch immer – auch in zehn, zwanzig, dreissig Jahren noch da sein.

Surfen
Die ersten Schritte im Internet

Neue Computer haben die nötige Hard- und Software für den Internetzugang bereits installiert. Für bequemes Surfen lohnt es sich aber, zuerst das wichtigste Programm, den Browser, etwas besser kennenzulernen.

Nutzen Sie das Internet vom Büro aus, brauchen Sie sich um die ganze Technik nicht zu kümmern. Die Informatikabteilung sorgt dafür, dass Sie einen stabilen Internetzugang haben und über eine Standleitung, also permanent, mit dem Netz verbunden sind.

Doch auch für den Privatgebrauch sind in den letzten Jahren die Zugangsmöglichkeiten wesentlich verbessert worden. Breitband-, also schnelle Internetanschlüsse sind heute in den Haushalten weitverbreitet. Und auch der drahtlose Zugang ausserhalb der eigenen vier Wände ist an vielen Orten in der Schweiz möglich, die Site www.swiss-hotspots.ch listete En-

de 2009 1500 solcher Zugänge auf, sogenannte Hotspots, davon gut 600 offene, der Rest kostenpflichtige.

Es gibt viele Möglichkeiten, ins Internet zu kommen
Damit gibt es ein paar grundsätzlich verschiedene Möglichkeiten, ins Internet zu gelangen:
■ Endgerät: Immer mehr Geräte eignen sich dafür, Desktop-Computer, Notebooks, Mobiltelefone, Smartphones, Spielkonsolen, internetfähige Radiogeräte.
■ Zugang zum Provider: von zu Hause aus mit einem Breitbandanschluss über das ADSL-Telefonoder über das Fernsehkabel oder über eine Einwählverbindung, also eine normale Telefonleitung.
■ Verbindung zwischen dem Endgerät und dem Provider-Zugang – hier gibt es viele Möglichkeiten:
PCs und Notebooks, die man zu Hause oder in einer kleinen Firma benutzt, können entweder mit einem Kabel (LAN) an ein Modem angeschlossen werden, das dann die Verbindung zum Telefon- oder TV-Kabelnetz herstellt. Die Verbindung zum Modem kann auch drahtlos sein (WLAN), wenn der Computer und das Modem dies unterstützen. Damit ist der Internetzugang auch von der Terrasse oder vom Garten aus möglich. In vielen Privathaushalten gibt es heute kleine eigene Netzwerke, mit denen mehrere Computer, etwa die Bürostation der Eltern und die Computer der Kinder, aber auch der Drucker untereinander verbunden sind. Ein Router verbin-

---

INFO: FESTE UND VARIABLE IP-ADRESSE

Jedes Gerät, das an das Internet angeschlossen ist, muss eine IP-Adresse haben (siehe Seite 18). Entweder wird sie ihm fest zugeteilt, dies brauchen vor allem Computer, welche als Server ständig erreichbar sein müssen. Wer hingegen als Nutzer über einen Provider ins Netz geht, braucht dies nicht, hier vergibt der Zugangsserver einem Computer, der sich einwählt, aus einer Liste von ihm zugeteilten Adressen eine nach Zufallsprinzip. Wenn Sie die Verbindung unterbrechen und sich wieder neu beim Provider einwählen, erhalten Sie höchstwahrscheinlich eine andere zugeteilt – wovon Sie allerdings gar nichts merken. Dies wird als variable oder dynamische IP-Adresse bezeichnet.

det diese Geräte untereinander und bildet gleichzeitig die Brücke nach aussen, also ins eigentliche Internet. Schliesslich kann das LAN auch über das normale Stromnetz funktionieren.

Ein Mobiltelefon verbindet sich direkt per Telefonfunktion mit dem Provider. Auf Handys, die bei einem Anbieter wie Swisscom, Sunrise oder Orange gekauft werden, sind die Zugänge vorkonfiguriert.

Mobiles Internet ist auch über öffentliche WLANs möglich, diese funktionieren gleich wie die drahtlosen Netze in den Haushalten, viele davon sind gratis zugänglich.

Notebooks können aber auch auf anderen Wegen mit dem Internet verbunden werden: mit PC-Karten, die einen Handy-Chip enthalten und mit einer der verschiedenen Übertragungstechniken wie GPRS, EDGE, UMTS, HSPA, WLAN funktionieren – oder gleich mit mehreren, von denen sie jeweils die bestgeeignete verwenden. Damit hat man auch unterwegs (praktisch) immer eine schnelle Verbindung. Eine weitere Möglichkeit ist es, ein internetfähiges Handy als Modem zu benutzen. In diesem Fall werden Computer und Handy meist mit der Drahtlos-Technik Bluetooth miteinander verbunden, und das Handy/Modem baut die Verbindung mit dem Provider auf.

Auch wenn dies alles etwas kompliziert klingt: Mobile Geräte sind in der Regel vorkonfiguriert, sodass man damit ohne Probleme die Verbindung ins Netz schafft. Wer sich zu Hause einen Internetzugang einrichtet, kauft in der Re-

gel bei einem Dienstanbieter ein Internetpaket mit Hard- und Software, welches ebenfalls den Zugang selber konfiguriert.

Die Abklärung der Bedürfnisse ist schwieriger als die Technik
Wichtig ist, dass man zuvor seine Bedürfnisse abklärt und dann das beste Angebot auswählt – das ist heute meist schwieriger als die Einrichtung des Zugangs. Die Internetseiten der Provider bieten viele Informationen und Anleitungen, es lohnt sich, diese zu studieren. Dann sollte man sich auch nicht scheuen, sich bei den Providern direkt zu erkundigen – per Mail, per Telefon oder in einem Geschäft. Wer selber noch keinen Zugang hat, kann sich im Büro oder bei Freunden und Nachbarn informieren.

Einige Hinweise zum Entscheid: (Mehr oder weniger) schnelle Internetzugänge sind heute erschwinglich geworden. Ende 2009 kostete der Standardzugang mit Download-Geschwindigkeit von maximal 5000 KBit pro Sekunde und Upload-Geschwindigkeit maximal 500 KBit pro Sekunde bei den meisten Anbietern um 50 Franken pro Monat ohne Zeitlimite. Das heisst, das sind sogenannte Flat-Rate- oder Pauschal-Zugänge, bei denen man pro Monat einen festen Betrag zahlt, unabhängig davon, wie lange man surft und wie viel Daten man herunterlädt. Zusätzlich haben die Anbieter verschiedenste Kombi-Angebote, mit

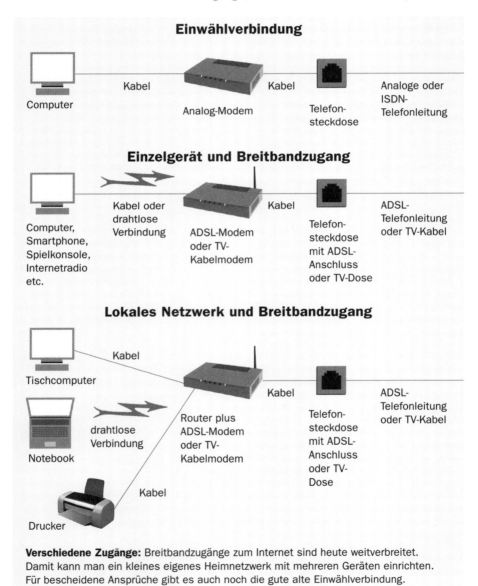

Verschiedene Zugänge: Breitbandzugänge zum Internet sind heute weitverbreitet. Damit kann man ein kleines eigenes Heimnetzwerk mit mehreren Geräten einrichten. Für bescheidene Ansprüche gibt es auch noch die gute alte Einwählverbindung.

denen der Internetzugang billiger wird, wenn man etwa beim gleichen Anbieter auch telefoniert.

Für Wenig-Surfer gibt es Abonnemente, bei denen sich der Preis aus einer Pauschale und einer Gebühr für die Nutzung nach Zeit zusammensetzt. Solche kosten laut dem Vergleichsdienst Comparis inklusive 3 oder 5 Stunden pro Monat bis zu 40 Franken.

Als Alternative, etwa fürs Ferienhaus, gibt es noch die Einwähl- oder Dial-up-Verbindung mit einem konventionellen Modem – das in vielen Computern eingebaut ist – über die «normale» Telefonleitung, also nicht über ADSL. Dafür zahlt man in der Regel keine Grundgebühr und pro Stunde etwa zwei Franken Telefontarif.

Allerdings muss man sich im Klaren sein, dass die Geschwindigkeit, die eine solche Verbindung zulässt, das Surfen langsam macht. Für das Herunterladen von Fotos oder gar Videos sind solche Verbindungen völlig ungeeignet,

INFO: KBIT PRO SEKUNDE – BANDBREITE

Der Begriff Bandbreite bezeichnet die Leistungsfähigkeit einer Leitung zur Datenübertragung. Angegeben wird sie in Bit oder Kilobit (KBit) pro Sekunde. Handys funktionieren für die Sprachtelefonie nach dem GSM-Standard, der maximal 9600 Bit (knapp 10 KBit) pro Sekunde überträgt.

Für die Übertragung von grossen Datenmengen, etwa für den den Mailversand von grossen Bildern oder für den Download von Musikstücken und Filmen genügt dies bei weitem nicht: Mit den analogen Telefon-Hausanschlüssen erreicht man mit einem Modem maximal 56 KBit pro Sekunde, mit einem ISDN-Anschluss 64 oder 128 KBit pro Sekunde. Richtig schnell wird es mit ADSL oder TV-Kabel: Übliche Zugänge bieten eine Download-Bandbreite von maximal 5000 KBit (5 MBit) pro Sekunde, die leistungsfähigsten Angebote erreichen 20 MBit pro Sekunde.

Aber aufgepasst: Bei ADSL und TV-Kabel sind die Übertragungsgeschwindigkeiten nicht in beiden Richtungen gleich. Die Kapazität zum Holen der Informationen (Herunterladen oder Downloaden) ist grösser als jene, um Informationen zu verschicken. Das ist in den meisten Fällen kein Problem, denn in der Regel schickt man eine kleine (wenig Informationen enthaltende) Anfrage los, um eine grössere Informationsmenge wie ein Musikstück oder ein Programm herunterzuladen. Wenn Sie allerdings dasselbe Musikstück an einen Freund weiterschicken, dauert dies um ein Mehrfaches länger als der Download.

Aufgepasst zum Zweiten: Die von den Providern oder Herstellern angegebenen Zahlen für alle Arten von Internetzugängen sind theoretische Werte und werden nur bei optimalen Bedingungen erreicht – wenn überhaupt. K-Tipp und Saldo berichten immer wieder über Reklamationen von Kunden, die feststellen, dass die tatsächlichen Geschwindigkeiten viel tiefer sind. Die Anbieter schreiben denn auch im Kleindgedruckten von «Maximalwerten». Auf www.cnlab.ch/speedtest können Sie die Geschwindigkeit Ihres Anschlusses messen lassen.

In den letzten Jahren sind aber auch für mobile Datenübertragung viel schnellere Standards wie GPRS, EDGE, UMTS und HSPA realisiert worden, die etwa das Herunterladen von Musikstücken oder das Versenden von Filmchen mit dem Handy erst möglich machen. HSPA, die schnellste Technik der Swisscom, erreicht zur Zeit eine Datenübertragungsrate von bis zu 14,4 MBit pro Sekunde, ist also schneller als ein normaler Breitbandzugang zu Hause.

sie genügen gerade für die Abfrage des SBB-Fahrplans und das Lesen der Mails ohne Attachments.

Dafür gibt es Dial-up-Zugänge, die man ohne Vertrag und ohne Identifikation nutzen kann, zum Beispiel der Freesurf-Zugang von Sunrise (www.sunrise.ch), womit man anonym bleibt.

Wer einen Laptop mit WLAN-Funktionalität besitzt, kann über einen der vielen Hotspots gratis surfen, die etwa in Restaurants und Hotels installiert sind. Die Swisscom unterhält unter dem Namen «Public Wireless LAN» zusätzlich 1200 Hotspots in der ganzen Schweiz, die kostenpflichtig sind und entweder über die Swisscom-Handy-Rechnung oder über Kreditkarte abgerechnet werden.

Die wichtigsten Programme sind bereits fertig installiert
Die installierten Programme erfüllen verschiedene Funktionen: Zum einen stellen sie die Verbindung mit dem Provider her, zum anderen erlauben sie es, die unterschiedlichen Inhalte wie Webseiten, Mails und Dokumente zu suchen, anzusehen und herunterzuladen.

Muss die Verbindungssoftware manuell konfiguriert werden, geschieht dies bei Windows XP über den entsprechenden Assistenten (zu finden in der Systemsteuerung), in älteren Windows-Versionen über die DFÜ-Einstellungen (im Verzeichnis DFÜ-Netzwerk auf dem Arbeitsplatz), bei einem Mac über die Netzwerkeinstellungen (OS X) oder über das Kontrollfeld TCP/IP (OS 9). Gemeinsam ist in allen Fällen, dass Sie Ihr Passwort und Ihren Benutzernamen eingeben müssen, eventuell auch die Telefonnummer des Providers. Diese Angaben erhalten Sie von Ihrem Provider. Sie können später jederzeit wieder geändert werden.

Sobald der Zugang eingerichtet ist, können Sie surfen oder Ihre Mails abrufen (zu Mails siehe Ka-

---

INFO: SHAREWARE UND FREEWARE

Shareware sind meist kleinere Programme, die gratis vom Internet heruntergeladen werden können, für deren Benutzung aber eine bescheidene Gebühr bezahlt werden muss oder zumindest sollte. Viele davon sind nicht von einer Firma, sondern von Tüftlern entwickelt worden. Damit der Hersteller auch wirklich zu seinem Geld kommt, sind gewisse Funktionen gesperrt oder eingeschränkt – beispielsweise läuft das Programm nur während 30 Tagen –, und erst wenn Sie den Betrag überweisen, werden diese Funktionen freigeschaltet.

Das reicht allerdings aus, um das Programm zu testen.

Firmen, die Shareware anbieten, tun dies oft mit «abgemagerten» Versionen eines ausgewachsenen käuflichen Programms, welche nicht ganz so viel können wie das grosse Programm, deren Grundfunktionen aber damit identisch sind und für den täglichen Gebrauch völlig ausreichen.

Freeware hingegen ist Software, die völlig gratis gebraucht und kopiert werden darf.

Hier finden Sie alles, was das Herz begehrt: www.download.com.

HTTP, Hyper Text Transfer Protocol, heisst das Verfahren, mit dem die Seiten des WWW übertragen werden. An sich müsste ein Befehl, mit dem eine solche Seite aufgerufen wird, mit diesem Kürzel beginnen, damit Ihr Browser weiss, in welcher «Sprache» er mit dem Server reden will. Allerdings sind die Browser heute so programmiert, dass sie dies für den Aufruf von Webseiten von sich aus tun. Das Gleiche gilt für das www, ein Kürzel, das einen Web-Server bezeichnet (im Unter-

schied zu einem Mailserver, der etwa mail.ktipp.ch heissen kann). Ohne Eingabe wird das www automatisch eingefügt.

Das heisst, dass Sie sich diese Eingabe sparen können. Anstelle von http://www.ktipp.ch genügt also das Eintippen von www.ktipp.ch oder sogar ktipp.ch. In diesem Ratgeber haben wir aber der Übersichtlichkeit halber die WWW-Adressen jeweils zumindest mit dem Zusatz www. ausgeschrieben.

pitel 4). Ist der Browser aufgestartet, erscheint standardmässig eine Seite des Herstellers, beim Internet Explorer eine Seite von Microsoft (wie Sie dies ändern, siehe den Absatz über den Reiter «Allgemein» auf Seite 31). Eine andere Seite können Sie auf den Schirm holen, indem Sie die Adresse in die Befehlszeile eingeben und mit der Eingabetaste bestätigen oder indem Sie im Menü **Favoriten** eine Adresse aufrufen (siehe Seite 31).

**Die Menüleiste
des Internet Explorers**
Wir erklären hier die Bedienung des meistverbreiteten Browsers, des Internet Explorers in der verbreiteten Version 7 für Windows; andere Browser funktionieren aber ähnlich. Wir gehen hier nicht auf jeden einzelnen Menüpunkt ein, sondern erklären nur die wichtigen. Nehmen Sie sich deshalb einmal Zeit, alle Menüpunkte anzusehen und herauszufinden, was sie bewirken.

■ Falls das Menü nicht oben in der Kopfleiste sichtbar ist, lässt es sich mit der Schaltfläche Extras oben rechts aktivieren.
■ Das Menü **Datei:** Wenn Sie den Browser aufstarten, öffnet er ein Fenster und holt – in der Standardeinstellung – eine Site von Microsoft auf den Bildschirm. Mit dem Menüpunkt «Datei ▶ Neu ▶ Neues Fenster» (oder dem Tastenbefehl Strg + N beziehungsweise Ctrl + N) können Sie weitere Fenster öffnen. Das ist nützlich, wenn Sie rasch zwischen verschiedenen Webseiten wechseln wollen. Dies können Sie entweder, indem Sie mit dem Cursor in die betreffende Seite klicken, oder indem Sie unten in der Taskleiste auf das entsprechende Symbol klicken oder über das Menü «Ansicht ▶ Wechseln zu».

**Surfen mit Registerkarten
oder mit Tabs**
Die Funktion «Neue Registerkarte» öffnet ein neues Unterfenster innerhalb des Browserfensters.

Wichtige Schaltflächen in der Kopfzeile des Internet Explorers

Dann erscheint oben in der Kopf-leiste eine zweite anklickbare Flä-che in der Form eines Register-Rei-ters. Dasselbe erreicht man mit ei-nem Klick auf das quadratische Feld rechts neben dem letzten Register-Reiter. Auf diese Weise kann man rasch zwischen den Sei-ten wechseln, ein Klick auf das Symbol der «Schnellregisterkarte» oben links mit vier kleinen Recht-ecken ordnet alle offenen Regis-terkarten übersichtlich im grossen Fenster an (siehe Bild oben).

Mit dem Befehl «Speichern un-ter» können Sie die Seite, die Sie auf dem Bildschirm haben, auf die Festplatte speichern. Beachten Sie die Formate: «Webarchiv» legt eine einzige Datei mit allen Ele-menten (Texten, Bildern) an, wel-che Sie mit dem Explorer ansehen können. «Webseite komplett» legt einen Ordner mit allen Einzelele-menten an, «Textdatei» speichert nur den Text der ganzen Seite.

Ein einzelner Text kann gespei-chert werden, indem man ihn mar-kiert, kopiert und dann in ein Text-programm oder etwa auch in das Mailprogramm einsetzt.

Aber auch Bilder lassen sich speichern. Dazu klickt man das ge-wünschte Bild mit der rechten Maustaste an. Im dadurch geöff-neten Fenster wählt man die Op-tion «Bild speichern unter», mit der Option «Bild senden» kann man das Bild direkt in ein E-Mail einfü-gen. Aber denken Sie daran, dass das Bild urheberrechtlich ge-schützt sein kann (mehr dazu im Absatz «Keine Site mehr ohne Bil-der» auf Seite 76).

Unter dem Menüpunkt «Eigen-schaften» erfährt man mässig Interessantes wie die Dateigrösse oder die Adresse, aber unter «Zer-tifikate» bekommt man beispiels-weise bei Auktionsseiten Informa-tionen über die Sicherheit der Sei-te und die Verschlüsselung der Da-tenübermittlung.

■ Das Menü **Bearbeiten** ent-spricht ungefähr dem normalen Bearbeiten-Menü in Windows. Da-mit können Sie Text kopieren und in ein anderes Programm, etwa in Word, einsetzen sowie in der auf-gerufenen Seite nach Text suchen.

■ Im Menü **Ansicht** können Sie festlegen, wie der Browser aus-

1 Offene Registerkarten
2 Schaltfläche: Öffnet eine neue Registerkarte
3 Schaltfläche Schnellregisterkarte: Zeigt alle offenen
   Registerkarten verkleinert in einem Fenster an
4 Suchfeld: Welche Suchmaschine verwendet wird,
   kann bei den Optionen eingestellt werden
5 Schaltflächen Favoriten: Favoritenliste öffnen
   und Favorit zur Liste hinzufügen
6 Verlauf: Zeigt die zuletzt geöffneten Seiten an, aus
   dieser Liste können sie direkt wieder aufgerufen werden.

sieht. Nützlich ist hier der Menüpunkt «Explorer-Leiste»: Damit öffnen Sie links im Browser ein schmales Fenster, in welchem Sie verschiedene Informationen darstellen können, vor allem die Favoriten und den Verlauf, das sind die früher besuchten Seiten. Der Menüpunkt «Quelltext» zeigt Ihnen den vollständigen HTML-Code, den Sie nicht nur ansehen, sondern sogar kopieren können. Und unter «Datenschutz» sehen Sie, ob die aufgerufene Seite Cookies anlegt (siehe dazu den Abschnitt über Cookies auf Seite 113).

■ Das Menü **Favoriten** erlaubt es, über das Aufrufen der dort ge-

INFO: BROWSER-ALTERNATIVEN

Dank seiner Marktmacht hat Microsoft den Web-Browser Internet Explorer zum mit Abstand meistverbreiteten gemacht. Er ist bei den Computern mit Windows-Betriebssystem bereits integriert. Laut Netapplications (www.netapplications.com) beträgt sein Marktanteil weltweit rund 60 Prozent, sinkt allerdings seit einiger Zeit. Auf Druck der EU hat sich Microsoft Ende 2009 bereit erklärt, den Benutzern künftig die Wahl zwischen verschiedenen Browsern zu lassen.

Wer nicht mit dem Explorer arbeiten oder einen zweiten Browser installiert haben möchte, hat Alternativen:
Firefox: Dieser Browser ist freie Software, das heisst, er wird von vielen Programmierern auf der ganzen Welt weiterentwickelt. Er funktioniert gut und ist schnell und wird immer beliebter: Ende 2009 hatte er einen Marktanteil von rund 30 Prozent. Download bei www.firefox.com. Siehe auch Seite 33.

Opera: Stammt aus Norwegen, ist schnell und zuverlässig. Für Windows, Mac und fürs Handy. Gratis. Download bei: www.opera.com.

Safari: Die Browser-Alternative von Apple, ursprünglich für das Mac-Betriebssystem OS X entwickelt, aber seit einiger Zeit auch für Windows erhältlich. www.apple.ch ▶ Downloads.

Chrome: 2009 brachte Google diesen eigenen Browser auf den Markt. Trotz Kritik an Googles Datenschutzpolitik (siehe Seite 126) dürfte Chrome wegen der Marktmacht von Google rasch viele Benutzer finden.

Das Arbeiten mit Favoriten im Internet Explorer

1 Schaltfläche «Favoriten»: Favoritenliste öffnen und Favorit zur Liste hinzufügen.

2 Ein Klick auf die Schaltfläche «Zur Favoritenliste hinzufügen» öffnet dieses Fenster. Hier kann der Favorit am gewünschten Ort abgelegt werden.

speicherten Adressen rasch die gewünschte Seite zu finden. Standardmässig sind einige solcher Adressen gespeichert. Sie rufen sie auf, indem Sie die entsprechende Adresse mit der Maus anklicken. Über das Fenster «Favoriten verwalten» können Sie diese Favoriten bearbeiten (siehe Kasten unten). Über das Menü «An-

sicht ▶ Explorer-Leiste ▶ Favoriten» können Sie die Favoriten links im Browser-Fenster ständig zur Verfügung halten, und Sie können die Favoriten-Leiste auch mit einem Klick auf das gelbe Sternsymbol oben links öffnen (siehe Bild oben). Das Arbeiten mit Favoriten macht das Surfen deutlich komfortabler.

TIPP: SURFEN MIT FAVORITEN

Es empfiehlt sich, eine Sammlung von Favoriten, also Buchzeichen, anzulegen. Damit kann man diejenigen Internetseiten rasch aufrufen, die man braucht – wenn man die Adressen vorher gespeichert hat.

Adressen speichern: Dazu muss die Seite geöffnet sein. Dann kann man sie entweder über das Menü «Favoriten ▶ Zu Favoriten hinzufügen» oder durch Anklicken des Symbols «Zu Favoriten hinzufügen» (grünes Pluszeichen und gelber Stern, siehe Bild oben) gespeichert werden.

Favoriten verwalten: Dazu öffnet man die Favoritenliste entweder mit einem Klick auf das gelbe Stern-Symbol oder über das Menü «Favoriten ▶ Favoriten verwalten». Dann öffnet sich ein Fenster, in dem die Buchzeichen aufgelistet sind, offen oder in Ordnern. Mit Hilfe der Schaltflächen können Sie die Favoriten ordnen: Ordner erstellen, löschen, verschieben oder umbenennen und die einzelnen Favoriten in diese Ordner ablegen. Diese Liste funktioniert gleich wie die Liste im Windows-Explorer.

Viele Menübefehle können auch über die Tastatur eingegeben werden, und die Eingabe mit der Ctrl- + einer weiteren Taste (gilt für Windows, beim Mac ist es statt der Ctrl- die Apfel- oder Befehlstaste) ist fast immer schneller als das Auslösen mit der Maus und den Menübefehlen. Die Tastenbefehle finden Sie in den Menüs jeweils hinter dem Menüpunkt.

Nützlich sind etwa die Suchfunktion (Ctrl + F) – damit findet man in einem Browser-Fenster rasch einen bestimmten Text – oder der Befehl für ein neues Fenster (Ctrl + N).

In langen Dokumenten können Sie mit der Leerschlagtaste seitenweise blättern. Praktisch ist oft auch die Tabulatortaste: In Formularen können Sie damit von einem Feld zum anderen weiterspringen und brauchen somit bei der Eingabe etwa Ihrer Adresse nicht mit der rechten Hand zur Maus zu wechseln.

Stehen in einem Formular verschiedene Schaltflächen zur Verfügung, von denen eine fett, die andere oder anderen dünn umrandet sind, so löst die Eingabe- oder Entertaste direkt die Funktion der fett umrandeten Taste aus.

Die (meisten) Tastenkombinationen funktionieren im Übrigen nicht nur für die Internet-, sondern für alle Programme und sind zumindest in den Grundfunktionen wie etwa Kopieren, Einsetzen, Neu, Schliessen mehr oder weniger überall gleich.

■ Im Menü **Extras** finden Sie zuoberst den Menüpunkt «Browserverlauf löschen», eine nützliche Sicherheitsfunktion. Damit löscht man rasch und einfach Spuren, die man beim Surfen hinterlassen hat – besonders empfehlenswert, wenn man an einem fremden Computer sitzt. Der Menüpunkt «Windows Update» führt Sie direkt auf die Site der Firma Microsoft, die möchte, dass Sie die aktuellste Programmversion oder irgendein anderes Update auf Ihren Computer laden, weil sie damit ein paar Informationen über Ihre Nutzungsgewohnheiten erhält.

Allerdings bringt das Update – ob automatisch oder auf Befehl des Nutzers ausgelöst – auch einen grossen Vorteil: Damit installiert man die aktuellsten Patches zum Schliessen von Sicherheitslö-chern (siehe Kasten über Betriebssysteme auf Seite 124).

Am wichtigsten ist allerdings der Punkt «Internetoptionen», der deshalb separat beschrieben wird:
■ Der Menüpunkt «Internetoptionen» enthält wichtige und nützliche Konfigurationsmöglichkeiten, unter anderem Sicherheitseinstellungen (mehr dazu im Kapitel 8).
■ Unter dem Reiter «Allgemein» können Sie die Startseite festlegen, also die Seite, welche Ihr Browser beim Aufstarten öffnet. Hier gelangt man auch zur Funktion «Browserverlauf löschen», die oben beim Menü Extras beschrieben ist. Damit löscht man auch auf der Festplatte abgelegte Cookies und temporäre Internetdateien. Unter «Suchen» legen Sie fest, welche Suchmaschine aufgerufen wird, wenn Sie das Suchfeld oben

rechts benützen (siehe Bild Seite 28). Schliesslich können Sie hier das Erscheinungsbild Ihrer Webseiten ändern.

■ Die Reiter «Sicherheit» und «Datenschutz» geben Ihnen die Möglichkeit, die wichtigen Sicherheitseinstellungen sowie den Umgang Ihres Browsers mit Cookies zu verändern. Den Datenschutz können Sie entweder summarisch mit einem Schieberegler einstellen oder aber unter «Erweitert» detailliert Punkt für Punkt nach Ihren Bedürfnissen beeinflussen.

■ Unter «Inhalte» können Sie Filter einrichten, die bestimmte Sites für Ihren Browser sperren. Seien Sie sich aber bewusst, dass diese Filterfunktionen auf den Angaben basieren, die die Betreiber der Sites selber machen. Die Zertifikate dienen zur Überprüfung der Seriosität von Sitebetreibern. Die Funktion «AutoVervollständigen» hilft beim Ausfüllen von Formularen, indem das Programm Ihre Daten – wie Name, Vorname, Adresse, Passwort – speichert und sie beim nächsten Ausfüllen von sich aus einsetzt. Sie lässt sich ausschalten, indem Sie alle Häkchen ausklicken.

■ Unter dem Reiter «Verbindungen» lassen sich die Netzwerkverbindungen einrichten oder ändern. Diese Funktion braucht man, wenn der Internetzugang nicht automatisch konfiguriert wird.

INFO: PLUG-INS, DIE KLEINEN HELFERLEIN DES BROWSERS

Der Browser kann zwar viel, aber nicht alles: Für bestimmte Zusatzfunktionen benötigt er Ergänzungsprogramme, sogenannte Plug-ins (Plug: englisch Stecker, Stöpsel). Rufen Sie eine Website auf, welche ein solches Plug-in benutzt, das Sie nicht installiert haben, werden Sie darauf aufmerksam gemacht und in der Regel direkt zu einer Download-Seite geführt, von wo Sie das Hilfsprogramm – meist kostenlos – herunterladen können, worauf es sich gleich selbständig installiert.

Die wichtigsten Plug-ins:

Adobe Reader: Programm, das Seiten im PDF-Format darstellt (früher: Acrobat Reader). Das PDF-Format wird verwendet, um gedruckte Dokumente am Bildschirm darzustellen, etwa Geschäftsberichte, Merkblätter und Dokumentationen. Auch Formulare, die aus dem Internet heruntergeladen, ausgefüllt und per Mail oder ausgedruckt per Post verschickt werden, sind PDF-Dokumente. Der Adobe Reader ist auf den meisten Computern bereits installiert. Download bei www.adobe.de.

Flash: Wird benötigt für Animationen, die mit Flash programmiert sind. Beispiele sind etwa Navigationsmenüs, die sich selbständig öffnen, wenn der Cursor darübergeführt wird, oder Online-Produktpräsentationen, sogenannte Guided Tours. Download bei www. adobe.de.

Shockwave: Für die Darstellung von interaktiven Elementen und komplexeren Animationen als diejenigen, welche mit Flash programmiert sind. Download: www. adobe.de.

Real Player, QuickTime, Windows Media Player: Erlauben es, Video- und Audiodaten abzuspielen, also Musikstücke oder Radiosendungen. Real Player unterstützt die verschiedensten Formate wie Apple QuickTime, Windows Media, MP3, DVDs, Internetradio, WebTV und Flash. Download bei www. real.com. Der QuickTime Player, obwohl von Apple, eignet sich auch sehr gut für Windows. Download bei www.apple.ch ▶ Downloads. Media Player: www.microsoft.ch ▶ Downloads und Testversionen ▶ Downloadcenter ▶ Windows Media.

Weitere Einstellungen im Internet Explorer

Unter dem Reiter «Internetoptionen ▶ Allgemein» können Sie etwa die Startseite festlegen und durch das Löschen von Cookies Spuren verwischen

■ Unter «Programm» können Sie definieren, welche Programme für welche Funktionen zuständig sein sollen. Dies ist etwa dann wichtig, wenn Sie ein anderes E-Mail-Programm als das standardmässig vorgesehene verwenden wollen. Ein Klick auf eine Mailadresse im Browser öffnet dann dieses von Ihnen definierte Mailprogramm.

■ Der Reiter «Erweitert» enthält zusätzliche Konfigurationsmöglichkeiten. Am besten gehen Sie diese einmal durch und ändern sie je nach Wunsch. Achtung: Die Option «Automatische Überprüfung auf Aktualisierung von Internet Explorer» bewirkt, dass Ihr Browser immer wieder auf die Microsoft-Site geht, um nachzusehen, ob eine neue Programmversion zur Verfügung steht. Das kann den Computer verlangsamen und je nach Situation lästig sein.

Immer beliebter: Surfen mit dem Browser Firefox

Der Browser Firefox erfreut sich grosser Beliebtheit. Wir zeigen deshalb hier die wichtigsten Funk-

INFO: PROVIDER

In der Schweiz gibt es heute eine genügende Auswahl an Accessprovidern für den Internetzugang. Die meisten bieten auch eine breite Auswahl an höchst unterschiedlichen Kapazitäten und Leistungen zu unterschiedlichen Preisen an. Eine Liste finden Sie unter www.providerliste.ch oder unter www.teltarif.ch ▶ internet.

Grosse und nationale Anbieter sind etwa:

Swisscom: www.swisscom.ch
Cablecom: www.cablecom.ch
Green: www.green.ch
Sunrise: www.sunrise.ch
Orange: www.orange.ch

tionen und Menübefehle. Lesen Sie aber auch die Abschnitte über den Internet Explorer ab Seite 27, in denen die grundsätzlichen Funktionen und Begriffe erklärt werden.

Datei: Hier können Sie neue Fenster oder Tabs (beim Explorer: Registerkarten) öffnen oder schliessen. Das Format «Webseite, komplett» speichert die ganze Seite inklusive Grafiken, das Format «Webseite, nur HTML» speichert sie ohne Grafiken; beide werden am besten wieder in Firefox geöffnet. Das Format «Textdateien» speichert den Quelltext, er kann in jedem Textprogramm geöffnet werden. Das Format «Alle Dateien» speichert die Seite so wie «Webseite, nur HTML», aber hier kann man selber bestimmen, in welchem Dateityp, zum Beispiel html oder htm. Mit dem Befehl «Importieren» lassen sich Einstellungen von einem anderen Browser übernehmen, etwa Lesezeichen, beim Explorer als Favoriten bezeichnet.

Bearbeiten: Dieses Menü entspricht dem im Explorer.

Ansicht: Auch hier erlaubt dieses Menü wie beim Internet Explorer, das Aussehen des Browsers zu bestimmen. Die Statusleiste unten zeigt, wenn sie aktiviert ist, Ladevorgänge an oder wenn die Maus über einen aktiven Link fährt dessen Adresse.

Chronik: Hier findet man eine Liste der bereits besuchten Seiten.

Lesezeichen: Entspricht den Favoriten des Explorers. Mit dem Befehl «Lesezeichen verwalten» öffnet sich ein Fenster, in dem die Lesezeichen aufgelistet sind. Sie lassen sich umbenennen, verschieben, in Ordnern zusammenfassen und natürlich löschen. Dies kann man entweder über den Menüpunkt «Verwalten» tun oder per Anklicken mit der Maus und den Befehlen des Kontextmenüs, das mit der rechten Maustaste geöffnet wird. Achtung: Die entsprechenden Befehle können nicht ausgelöst werden, wenn die Zeile «Alle Lesezeichen» aktiviert ist, klicken Sie also zuerst mit dem Cursor woanders hin. (Zum Surfen mit Lesezeichen/Favoriten siehe auch Seiten 30, 31). Mit Hilfe von «Importieren und Sichern» kann man eine Sicherheitskopie der Lesezeichen anlegen oder andere Lesezeichen importieren.

Extras: Hier findet sich unter «Add-ons» eine Spezialität von Firefox: Add-ons sind kleine Zusatzprogramme, die sich in den Browser einbinden lassen und diesen um zusätzliche Funktionen erweitern – es gibt bereits Tausende davon. Ein Beispiel dafür ist CustomizeGoogle (siehe Seite 127). Andere Add-ons dienen ebenfalls dem Datenschutz und der Sicher-

---

TIPP: FIREFOX INDIVIDUALISIEREN

Eine weitere Besonderheit von Firefox neben den Add-ons (siehe rechts, Absatz «Extras»), sind die Themes: Dies sind ebenfalls kleine Zusatzprogramme, mit denen sich das Erscheinungsbild des Browsers verändern lässt. Die Themes können am selben Ort wie Add-ons ganz einfach heruntergeladen und installiert werden: https://addons.mozilla.org.

Die gleiche Funktion haben die «Skins», mit denen das Erscheinungsbild von anderen Programmen oder Websites verändert werden kann.

heit, blockieren Werbung, vereinfachen die Bedienung des Browsers, erleichtern die Verwaltung von Musik, Fotos, Videos und Downloads oder von Kommunikationsinstrumenten wie RSS-Feeds, Nachrichten und Blogs. Der Menübefehl «Add-ons» zeigt ein paar dieser Zusatzprogramme und enthält einen Link auf https://add ons.mozilla.org mit allen anderen.

Über die «Seiteninformationen» findet man technische Informationen, etwa bei verschlüsselten Seiten wie fürs Internet-Banking den Hinweis darauf, wem die Seite «gehört», welche Stelle das Zertifikat beglaubigt hat und wie sicher sie verschlüsselt ist. Auch ob die Seite Cookies ablegt und ob man für den Zugang Passwörter gespeichert hat, lässt sich hier überprüfen. Cookies und Passwörter können auch angesehen und gelöscht werden. Mit dem «Privaten Modus», der hier eingeschaltet werden kann, speichert Firefox bestimmte Informationen nicht, so die besuchten Seiten (Chronik), Einträge in Formular- und Suchfelder, Passwörter, die Namen der heruntergeladenen Dateien sowie Cookies und Cache-Einträge. Besonders wenn verschiedene Personen am selben Computer arbeiten, kann es nützlich sein, diese Spuren zu tilgen. Achtung: Damit verwischt man nur Spuren auf dem eigenen Computer beziehungsweise Browser, nicht aber sonstwo im Internet. Schliesslich: Die «neueste Chronik löschen» heisst, dass die Liste der besuchten Seiten gelöscht wird.

Xmarks: Lesezeichen auf mehreren Browsern verwenden

Wer mit mehreren Browsern – nicht nur mit verschiedenen Typen, sondern auch beispielsweise auf dem Büro- und dem Heimcomputer – arbeitet, kann die Lesezeichen oder Favoriten vom einen in den anderen importieren. Bequemer ist es, sie mit Xmarks zu synchronisieren. Dabei werden sie auf einem externen Server abgelegt, dort können sie verwaltet werden. Die verschiedenen Browser synchronisieren sich dann mit dieser Version. Xmarks funktioniert mit Explorer, Firefox und Safari.

Es gibt andere Möglichkeiten, Lesezeichen auf verschiedenen Browsern zu verwalten, eine davon ist die Verwendung von Delicious http://delicious. com.

Suchen und Finden
Das Problem ist, zu finden, was man sucht

Eines der grössten Hindernisse, um das World Wide Web wirklich effizient nutzen zu können, ist sein unstrukturierter Aufbau. Eine bestimmte Information zu finden, ist unter Umständen recht schwierig und mit einigem Aufwand verbunden.

Etwas vom Wichtigsten beim Arbeiten mit dem Internet sind eine gute Suchstrategie und Kenntnisse davon, wie die Suche überhaupt funktioniert. In einer Hinsicht hat sich die Suche in den letzten Jahren allerdings deutlich vereinfacht, indem der Suchdienst Google heute die meisten Anwender rasch zum gesuchten Ziel führt, auch für die Suche nach Personen, was früher besonders schwierig war.

In den gut zehn Jahren seit der Gründung 1998 hat sich Google eine einmalige Marktstellung geschaffen: Laut dem Statistikdienst Statowl (www.statowl.com) werden heute über 80 Prozent aller Suchabfragen im Internet über Google ausgeführt, Yahoo als Nummer 2 kommt auf gut 7 Prozent, alle anderen weisen noch tiefere Marktanteile auf. Diese Marktposition und Googles Geschäftspolitik sind allerdings nicht unproblematisch – dazu mehr im Kapitel 8.

Doch völlig unbestreitbar ergibt Google rasch gute Suchresultate. Deshalb beschreiben wir hier die Suchstrategie in erster Linie am Beispiel von Google.

Suchmaschine: Der Name ist treffend, denn sie funktioniert völlig automatisch. Sie durchsucht das Netz ständig nach bestimmten Stichworten und legt die Fundstellen in einer eigenen Datenbank ab. Dabei «hangelt» sie sich mit Hilfe der Links von einer Seite zur anderen.

Wie funktioniert eine Suchmaschine überhaupt?

Mit einer Suchmaschine findet man diejenigen Begriffe, nach denen man sucht. Was trivial klingt, hat durchaus Folgen. So findet man mit der Suche nach dem Begriff «Zug» zwar Seiten über die Stadt, den Kanton und über die Eisenbahn – aber über Letztere nur dann, wenn dort das Wort «Zug» auch wirklich vorkommt. Ist dies nicht der Fall, dann helfen alle Wörter wie «Eisenbahn», «Lokomotive» oder «Gleis» im Text nicht: Die Seite wird nicht aufgelistet. Immerhin bietet Google auf der Resultatseite unten zusätzlich die Option «Verwandte Suchbegriffe» an, und dort findet sich auch der Begriff «Eisenbahn».

Wichtig zu wissen ist auch, dass nicht alle Inhalte gefunden werden – bei Weitem nicht. So Texte aus Datenbanken, die nicht auf den Webseiten selber stehen, sondern erst bei der Abfrage aus der Datenbank geholt werden, das sind zum Beispiel Katalogdaten von Dienstleistern und Händlern. Zudem gibt es gesperrte Bereiche des Internets, die für Suchmaschinen nicht zugänglich sind. Wie viele das sind, lässt sich nicht abschätzen, aber es ist sicher, dass selbst Google nur einen Bruchteil des Internets erfasst. Und nicht zu vergessen: Auch bei Bildern und Videos werden nur die dazugehörenden Texte erfasst und gefunden.

Der grosse Erfolg von Google liegt in der Art, wie diese Suche durchgeführt wird, und in der Darstellung der Resultate. Die Methode, der sogenannte Such-Algorithmus, ist geheim. Bekannt ist aber, dass die Resultate auf verschiedene Arten gewichtet werden. Zum einen danach, wie oft ein bestimmtes Wort auf einer Seite vorkommt, zum anderen, wie viele Links von anderen Seiten auf diese Seite zeigen. Eine Seite mit vielen Link-Verweisen wird als wichtiger angesehen und in der Trefferliste weiter oben aufgeführt. Bewertet wird auch, wie nahe die Suchbegriffe beieinander stehen, je näher, desto stärker werden sie gewichtet. Insgesamt bewertet Google eine Website nach rund zweihundert Kriterien.

Nicht auf den ersten Blick offensichtlich ist, dass die Resultate kommerziell beeinflusst sind. Anders gesagt, dass Treffer auch eigentlich Werbeeinblendungen sein können. Der Hinweis «Anzeige» ist relativ diskret und kann leicht übersehen werden. Doch auch der eigentliche Such-Algorithmus behandelt kommerzielle Angebote sehr gnädig: Die Suche nach «Ägypten» bringt an oberster Position zwar die betreffende Wikipedia-Seite oder Reisehinweise des Eidgenössischen Departements für Auswärtige Angelegenheiten, aber insgesamt sind unter

den ersten zehn Fundstellen nicht weniger als sieben Seiten von Reiseveranstaltern zu finden.

Verfeinerung der Suche: Die Benutzung von Operatoren

Das WWW ist so gross, und Google durchsucht so viele Sites, dass man mit einfachen Sucheingaben meist eine viel zu grosse Zahl von Seiten aufgelistet bekommt – völlig überflüssigerweise zwar, denn neun von zehn Benutzern sehen höchstens die zehn Treffer der ersten Resultatseite an.

So bringt die Suche nach dem Stichwort «Velo» 6 Millionen Fundstellen (Suche im ganzen Web, Stand Ende 2009. Die Zahlen verändern sich ständig). Deshalb ist es sinnvoll, die Suche zu verfeinern. Dies ist entweder möglich durch die Eingabe von mehreren Suchbegriffen, die durch Operato-

Fortsetzung auf Seite 39

37

Google kann mehr als nur Sites durchsuchen:

■ Mit **News** kann man in 700 laufend ausgewerteten, öffentlich zugänglichen Zeitungen und Zeitschriften suchen.

■ Über den Link **Groups** lässt sich das Usenet durchsuchen, das ist ein Dienst, der vor der Entstehung des WWW grössere Bedeutung hatte: Dort, in den thematischen News-Gruppen, tauschen Menschen Informationen über alle erdenklichen Themen aus. Das grösste News-Archiv, Deja.com, wurde 2001 von Google übernommen und ist jetzt in Google Groups aufgegangen. Die Suche lässt sich nach verschiedenen Kriterien einschränken: nach Themen, nach Regionen, nach Sprachen und sogar nach Mitgliederzahl der Gruppen. Dort kann man allerdings nicht nur in News-Gruppen suchen, sondern auch selber solche Diskussionsforen eröffnen.

■ Mit der **Bücher-Suche** findet man Fundstellen in Büchern. Je nach Urheberrechtsstatus des Buches werden nur allgemeine Informationen angezeigt wie in einem Katalog oder einzelne Textauszüge, andere Bücher sind sogar ganz zugänglich.

■ Die **Blog-Suche** durchsucht Blogs. Ausserdem erlaubt Google wie bei den News-Gruppen auch das Erstellen von Blogs.

Diese Funktionen sind entweder mit einem direkten Link auf der Einstiegsseite von Google zu finden oder dann unter dem Menüpunkt «mehr» beziehungsweise «und noch mehr». Einen Blog einrichten kann man unter www.blogger.com.

Daneben beantwortet Google auch andere Arten von Fragen:

■ **Übersetzungen:** Mit der Eingabe eines Wortes und dahinter «de-en» im normalen Suchfeld bekommt man einen direkten Link zu einer Übersetzungssite. Beispiel: fahrrad de-en liefert gleich zuoberst einen Link «Fahrrad im Deutsch-Englisch-Wörterbuch nachschlagen», wer ihn anklickt, bekommt die Übersetzung. Ausserdem lassen sich ganze fremdsprachige Seiten übersetzen. Da dies automatisch von einer Software gemacht wird, ist das Ergebnis weit entfernt von perfekt, aber es hilft einem zumindest, den Inhalt einer Seite zu erfassen.

■ **Rechnen:** Google kann rechnen. Geben Sie zum Beispiel 25*37 ein (das Zeichen * bedeutet multiplizieren) und lösen Sie die Suche aus, so kommt die Antwort zurück 25 * 37 = 925. Das Programm versteht aber auch andere Eingaben: 10 CHF in € beispielsweise gibt das Ergebnis: 10 Schweizer Franken = 6,20798223 €.

■ **Karten:** Zwei starke Funktionen, die Google bereitstellt, sind Google Maps und Google Earth. Beide sind digitale Kartenwerke der ganzen Erde. Maps wird über den normalen Webbrowser aufgerufen, für Earth kann man eine eigene Software herunterladen und installieren, seit kurzem ist Earth allerdings auch in einer Browser-Version verfügbar. In beiden kann man eine Adresse angeben, und dann wird einem die Karte beziehungsweise das Satellitenbild angezeigt.

Bei Maps kann man zwischen verschiedenen Ansichten wechseln, von der Strassenkartenansicht zum Satellitenbild und zu einer topografischen Karte. Hier findet man auch «interessante» Orte wie Restaurants, Tankstellen, Schulen oder Apotheken, die Benutzer können selber Inhalte darauf abspeichern wie Fotos oder Bilder von Webcams. Dann kann man ganz einfach die Entfernung zwischen zwei Punkten bestimmen. Maps ist zu finden unter maps.google.ch.

Earth ist ein eigentlicher interaktiver Weltatlas mit vielen Zusatzinformationen in Text- und Bildform. Diese können von Benutzern selber integriert werden, so sind zum Beispiel viele Hinweise von humanitären oder Umweltschutzorganisationen zu finden, die über bedrohte Tierarten oder menschliche Tragödien und Umweltveränderungen informieren. Dann lassen sich Informationen aus Wikipedia über bestimmte Orte einblenden. Daneben bietet das Programm sogar Bilder aus dem Weltall an. Es kann heruntergeladen werden unter earth.google.ch.

Fortsetzung von Seite 37

ren ergänzt werden können, oder durch die Benutzung der «Erweiterten Suche», was im Effekt auf dasselbe herauskommt.

Gibt man im Suchfeld mehrere Begriffe ein, so stellt Google Seiten dar, auf denen alle Begriffe vorkommen. Beispiel: Die Eingabe «Zug Eisenbahn Lokomotive» (Achtung: ohne Anführungszeichen, sonst sucht Google genau nach dieser Wortfolge, siehe nächsten Abschnitt) bringt als Fundstellen keine Seiten, auf denen es nur um den Kanton oder die Stadt Zug geht, sondern solche über grosse und kleine Züge, Lokomotiven und Eisenbahnen.

**Verschiedene Möglichkeiten,
die Suche zu verfeinern**
In der allgemeinen Suche lässt sich die Suche anders eingrenzen: Wird eine Folge von mehreren Wörtern in Anführungszeichen gesetzt, werden nur Seiten gezeigt, die diese Wortfolge enthalten. Die Suche nach «der Zug fährt» zeigt also Seiten, in denen dieser Satz genau so vorkommt.

Mehr Möglichkeiten bietet die «Erweiterte Suche». Damit lässt sich dann schon sehr gezielt finden. Diese Funktion bietet unter anderem folgende Möglichkeiten:
■ Man kann eingeben, dass alle Wörter oder die genaue Wortfolge vorkommen müssen – dies entspricht den beschriebenen Funktionen in der allgemeinen Suche.
■ Daneben lässt sich die Suche eingrenzen, indem bestimmte

INFO: SUCHMASCHINEN

Einen Überblick über die verschiedenen Suchmaschinen sowie viele weitere Informationen zum Thema findet man etwa auf den folgenden Sites:

www.at-web.de: Eine Site mit ausführlichen und kompetenten Informationen über Suchmaschinen und Suche allgemein, mit vielen Links.

Auf der Site der Zentralbibliothek Zürich finden sich Links zu zahlreichen Datenbanken, Archiven und elektronischen Zeitschriften: www.zb.uzh.ch ▶ Recherche.

Megasearch.ch: Links zu verschiedenen Suchmaschinen www.megasearch.ch ▶ Suchmaschinen.

Wörter nicht vorkommen sollen. Sucht man beispielsweise nach «Zug», nicht aber nach «Lokomotive» und nicht nach «Eisenbahn», bekommt man zuoberst die Seiten von Stadt und Kanton Zug sowie der Haushaltgeräte-Herstellerin Zug gezeigt.
■ Weiter lässt sich hier nach Seiten in einer bestimmten Sprache suchen, nach Seiten, die in bestimmten Ländern zu finden sind, nach bestimmten Dateiformaten wie Microsoft Word, Excel oder PDF. Zudem kann man die Suche zeitlich eingrenzen, also nach neueren oder älteren Seiten suchen.
■ Weiss man, auf welcher Website man etwas sucht, lässt sich die Suche darauf beschränken. Wer beispielsweise etwas über das Auto VW Golf herausfinden will, kann gezielt auf der Site www.volkswagen.de suchen – damit be-

Es ist bekannt, dass die meisten Internetbenutzer bei Google nur gerade die ersten Fundstellen anschauen. Doch die Suchmaschine macht es diesen Leuten sogar noch einfacher: Wer statt der Schaltfläche «Google-Suche» die Schaltfläche «Auf gut Glück» anklickt, wird direkt zur Seite geführt, die bei der normalen Suche zuoberst in der Liste auftaucht.

kommt man etwas über 2000 Seiten, wer in der einfachen Suche «Golf» eingibt, bekommt 70 Millionen Fundstellen aufgelistet.

■ Man kann angeben, dass man nach Seiten sucht, die einen bestimmten Begriff im Titel der Seite, im eigentlichen Text oder auch im URL, also der Adresse der Seite enthalten.

■ Schliesslich kann man die Suche erweitern, indem von mehreren eingegebenen Wörtern nur irgendeines vorzukommen braucht.

Diese Eingrenzungen kann man auch direkt in der einfachen Suche vornehmen, indem man mit Operatoren arbeitet. Zum Beispiel indem man vor die Wörter, die man ausschliessen will, ein Minuszeichen setzt: Die Eingabe «Zug -Eisenbahn -Lokomotive» (ohne Anführungszeichen) in der einfachen Suche bringt wie mit dem oben beschriebenen Vorgehen in der erweiterten Suche Seiten, in denen Zug vorkommt, nicht aber Eisenbahn und nicht Lokomotive. Die Eingabe «filetype:pdf» nach dem Suchwort ergibt nur Fundstellen im PDF-Format, die Eingabe «site:» und gleich anschliessend eine Adresse führt zu Fundstellen auf dieser angegebenen Site, mit der

Sucheingabe «golf site: www.volkswagen.de» findet man nur Golf-Hinweise auf der Site von Volkswagen.

Diese Operatoren werden in der einfachen Suche angezeigt, wenn man die Kriterien in der erweiterten Suche angibt und dann die Suche auslöst.

Die Suchstrategie anhand eines konkreten Beispiels

Nehmen wir an, Sie möchten einmal genau wissen, wie das ist mit der Übersetzung an Ihrem Velo, wie sie eigentlich funktioniert und wie weit Sie in den einzelnen Gängen mit einer Pedalumdrehung kommen. Sie haben die Radgrösse gemessen, den Umfang daraus berechnet und auch die Zahl der Zähne auf den verschiedenen Kettenrädern notiert.

Jetzt suchen Sie nach einer Seite, auf welcher Sie dazu Informationen, zum Beispiel eine Übersetzungstabelle, finden.

Sie fangen an, indem Sie auf www.google.ch nach «Übersetzung» suchen. Resultat: 7 Millionen Fundstellen, davon die ersten alle zu Sprachübersetzungen. Also eingrenzen und neue Suche mit «Veloübersetzung». Das Resultat: 27 Fundstellen, unter denen man mit etwas Suchen sogar zwei findet, die einem eine grafische Darstellung oder einen sogenannten Ritzelrechner zeigen, aber ohne Erklärungen nicht auf Anhieb verständlich sind.

Die Anpassung auf «Velo Übersetzung» in zwei Wörtern bringt schon wieder über 100 000 Fundstellen – viel zu viele, um auch nur einen Teil davon anschauen zu können. Und bei vielen geht es auch hier wieder um die Übersetzung des Worts Velo in eine andere Sprache.

Neuer Versuch also mit «Velo Übersetzung Tabelle». Dies bringt etwas über 7000 Seiten, darunter einige, auf denen Tabellen zu finden sind, die anzeigen, wie weit man mit bestimmten Übersetzungsverhältnissen pro Pedalumdrehung kommt. Aber die meisten sind eher kompliziert. Lustigerweise erscheint relativ weit oben auch eine Fundstelle, die auf ein Lernblatt von lateinischen Prono-

Fortsetzung auf Seite 43

INFO: FALSCHE ADRESSE, FEHLER 404

Immer wieder passiert es einem, dass man eine Seite aufrufen will und die Meldung bekommt, dass diese nicht gefunden wurde, also nicht existiert. Die Fehlermeldung kann beispielsweise lauten: Die Seite kann nicht gefunden werden, oft wird auch «HTTP Fehler 404» angezeigt, was ebenfalls bedeutet, dass der Server die aufgerufene Datei nicht findet.

Dafür kann es verschiedene Gründe geben: Sei es, dass die Datei gelöscht wurde, dass sie eine andere Adresse bekommen hat oder dass die Adresse falsch geschrieben ist.

Prüfen Sie zuerst, ob dies der Fall ist: Enthält die Adresse den Doppelpunkt und die beiden Schrägstriche nach der Protokollangabe (http, ftp)? Leerschläge sind nicht zulässig.

Kommen Sie damit nicht zum Ziel, verkürzen Sie die Adresse. Beispiel: http://www.bsv.admin.ch/dokumentation/zahlen/00093/00424/index.html?lang=de führt zu einer Seite des Bundesamts für Sozialversicherungen mit Finanzzahlen der AHV.

Mit http://www.bsv.admin.ch/dokumentation/zahlen/00093/00424/index.htm?lang=de (htm statt html) erhält man die Fehlermeldung: Die Seite konnte nicht gefunden werden. In diesem Fall gibt es verschiedene Möglichkeiten: Entweder geht man auf die Homepage, in diesem Fall www.bsv.admin.ch, und versucht, über die Navigation oder die Sitemap zur gesuchten Seite zu gelangen. Da grössere Websites heute meist eine integrierte Suchfunktion besitzen, kommt man damit manchmal rascher ans Ziel als über die Navigation. Manchmal sind aber diese beiden Wege nicht gangbar, etwa dann, wenn man nicht genau weiss, was der Inhalt der Seite ist, weil man über einen Link darauf verwiesen wurde – dann kann man logischerweise auch nicht danach suchen.

Eine andere Möglichkeit ist es in diesem Fall, die ganze Adresse noch einmal einzugeben (das lohnt sich vor allem dann, wenn man die Adresse in den Zwischenspeicher und von dort in die Adresszeile kopieren kann, zum Beispiel weil sie als Link vollständig ausgeschrieben ist). Dann löscht beziehungsweise kürzt man sie schrittweise von hinten. In diesem Fall landet man mit http://www.bsv.admin.ch/dokumentation/zahlen auf der übergeordneten Übersichtsseite. Andernfalls löscht man weiter bis zum nächsten Schrägstrich – so lange, bis man an einem Ort landet, von wo man wieder weitersuchen kann.

Google erlaubt auch, nach Bildern zu suchen. Der Link dazu steht ganz zuoberst auf der Google-Startseite, die Seite kann aber auch direkt über http://images.google.ch aufgerufen werden. Selbstverständlich kann die Suchmaschine aber nur Texte interpretieren, sie sucht und findet also Seiten, die das gesuchte Wort enthalten, und sie stellt Bilder dar, die auf dieser Seite stehen.

direkt in ein E-Mail einkopieren. Was allerdings nicht unproblematisch sein kann – und darauf weist Google auch hin: «Das Bild ist möglicherweise verkleinert dargestellt und urheberrechtlich geschützt.» Denn die Tatsache, dass Bilder im Web problemlos auf den

Wer sich zum Beispiel über eine fremde Stadt ein Bild machen will, ist damit sehr gut bedient: Mit dem Stichwort «Barcelona» werden zum Beispiel 40 Millionen Seiten angegeben, darunter neben schönen Stadtbildern allerdings auch das Bild eines Betts mit dem Namen «Barcelona» oder das Filmplakat von Woody Allens Film «Vicky Cristina Barcelona».

Für unterschiedliche Verwendungszwecke lässt sich die Suche unter «Optionen anzeigen» auf verschiedene Grössen eingrenzen. Kleine Bilder sind etwa briefmarkengross, extra grosse können durchaus das Format einer Zeitungsseite in der Auflösung von Zeitungsdruck erreichen.

Klickt man auf eines der gefundenen Bilder, wird es in einem neuen, zweigeteilten Fenster gezeigt: oben ein Google-Balken mit dem verkleinerten Bild, unten die ursprüngliche Website mit dem Bild in Originalgrösse, darüber der Link direkt auf diese Webseite. Neben dem kleinen Bild steht ein Link: «Bild in Originalgrösse anzeigen», damit kann man nur das Bild selber in dieser Grösse aufrufen.

Mit der rechten Maustaste lässt sich das Bild auf die Festplatte speichern, kopieren oder drucken oder mit dem Befehl «Senden»

eigenen Computer heruntergeladen werden können, bedeutet noch nicht, dass man alles damit tun darf, das Urheberrecht gilt auch hier.

Das heisst: Das Tourismusbüro von Barcelona wird sicher nichts dagegen haben, wenn jemand eine schöne Stadtansicht ausdruckt und sich übers Bett hängt – abgesehen davon, dass sich das auch nicht kontrollieren lässt. Aber auf jeden Fall nicht gestattet ist die kommerzielle Verwendung von Bildern ohne Erlaubnis (mehr dazu im Absatz «Keine Site mehr ohne Bilder» auf Seite 76.

Auch hier gibt es die erweiterte Suche. Und auch hier kann man mit Stichworten die Suche eingrenzen, nach Bildern in bestimmten Bildformaten suchen, und man kann die Suche auf bestimmte Websites beschränken.

Mit einer Filterung «Safer Search» kann man dafür sorgen, dass Bilder mit anstössigem Inhalt von der Suche ausgeschlossen bleiben.

Fortsetzung von Seite 41

men verweist, auf dem alle drei Begriffe vorkommen, das aber selbstverständlich nichts mit unserem Problem zu tun hat.

Also weiter, und jetzt fällt uns ein, dass der Begriff Velo in Deutschland weniger gebräuchlich ist als in der Schweiz. Also suchen wir noch einmal mit «Fahrrad Übersetzungstabelle». Und jetzt sind wir wirklich am Ziel, denn hier finden wir viele nützliche und gut gemachte Sites, darunter eine Universität München, die mit gut verständlichen Texten, mit Bildern und sogar kleinen Animationen die Funktion der Veloübersetzung erklärt und zudem weiter auf einen anderen Ritzelrechner verweist, mit dessen Hilfe man alle Übersetzungsverhältnisse genau berechnen kann.

Zu viele oder zu wenige Treffer: Die Suche optimieren

Das Beispiel mit der Suche nach einer Übersetzungstabelle fürs Velo zeigt anschaulich, dass man mit falschen Eingaben rasch entweder zu viele oder – eher selten – zu wenige Treffer erhält. Die Suche mit dem Begriff Übersetzung ist dabei nicht nur zu wenig eingegrenzt, sondern führt auch zu falschen Fundstellen, da der Begriff mehrdeutig ist. Veloübersetzung hingegen ist offensichtlich eindeutig zu speziell, als dass man damit etwas fände.

Wie geht man nun vor, wenn solche Probleme auftauchen?

■ **Zu viele Treffer:** Suche eingrenzen – dies entweder mit zusätz-

TIPP: SCHREIBWEISE

Google ist tolerant, was die Schreibweise betrifft. So werden ungefähr die gleichen Seiten gezeigt, egal ob man ein Suchwort mit Umlaut wie ä, ö, ü oder mit ae, oe, ue eingibt. Die Suche nach Zürich bringt wie die nach Zuerich etwa 35 Millionen Fundstellen, auf den ersten Positionen sind es die gleichen Resultate, aber weiter hinten können sie unterschiedlich platziert sein.

Die Suchsite hilft einem sogar, wenn sie meint, man hätte einen Fehler gemacht: Wenn man Zuriech statt Zürich oder Zuerich eingibt, findet Google zwar ein paar Seiten mit diesem Text, unter anderem, weil auch andere Leute früher schon diesen Tippfehler gemacht haben. Aber sie schlägt einem auch eine Korrektur vor: «Meinten Sie: Zurich». Wenn man das gemeint hat, kann man gleich auf den Link klicken, und das richtige Suchresultat erscheint.

lichen Begriffen, je nachdem mit den passenden Operatoren oder indem der Begriff selber eingeengt wird, etwa von «Velo» zu «Tourenvelo».

■ **Zu wenige Treffer:** Mit Synonymen arbeiten – wie «Velo» durch «Fahrrad» ersetzen. Aber auch die Schreibweise überprüfen: Die Suche nach «Videocassette» ergibt im ganzen Web 5,5 Millionen Treffer, nur im deutschsprachigen Web immerhin noch knapp 300 000, mit «Videokassette» sind es dann bereits wieder 2 Millionen Seiten.

■ **Falsche Treffer:** Die Suche mit Operatoren beeinflussen, siehe Beispiel «Zug» im Abschnitt über Operatoren auf Seite 40.

■ **Einzahl und Mehrzahl:** Da die Begriffe genau in der eingegebenen Schreibweise gesucht werden, findet die Suchmaschine unter Umständen Seiten nicht, auf welchen die andere Version aufgeführt ist. Die Suche nach «Fischschwarm» und nach «Fischschwärme» bringt völlig andere Resultate. Und sogar wenn die eine Form in der anderen enthalten ist, kann das Ergebnis ganz anders ausfallen: Die Suche nach «Velos» bringt etwa ähnlich viele Fundstellen wie die nach «Velo», aber auf den ersten Seiten werden ganz andere aufgelistet.

**Die Interpretation
der Trefferangaben**
Die Fundstellen zeigt Google mit einem Titel an, zwei Zeilen Text sowie der Adresse der Seite. Die Seite, welche die Fahrradübersetzung erklärt, wird beispielsweise so dargestellt:
«Gangschaltung
In der Animation unten ist dargestellt, welchen Einfluss die Übersetzung für den vom Fahrrad zurückgelegten Weg (bei einer Umdrehung der Kurbel) hat. …
leifi.physik.uni-muenchen.de/
web_ ph08_g8/umwelt_technik/
10radfahren/schaltung/
schaltung.htm»
«**Gangschaltung**» ist der Titel, der auf der aufgerufenen Webseite oben im Titelbalken steht.

«**Übersetzung**» und «**Fahrrad**», also die beiden Begriffe, nach denen man gesucht hat, sind fett geschrieben. Diese beiden Begriffe und der Textausschnitt lassen vermuten, dass man hier wirklich Antworten auf die Frage findet, die man stellt.

Allerdings kann Google diese Hinweiszeilen auch aus verschiedenen Teilen zusammensetzen, manchmal ist das gesuchte Wort in den Trefferangaben nicht zu sehen, manchmal werden auch Begriffe aus den so genannten Meta-Tags angezeigt, das sind Informationen, die zur Beschreibung der Seite dienen, aber darauf normalerweise nicht sichtbar sind.

Sichtbar machen kann man diese, indem man im Menü Ansicht den Quelltext aufruft, das ist der HTML-Code der Seite. Die Site www.k-tipp.ch beispielsweise hat als solche unsichtbaren Informationen den Satz: «Konsuminfo.ch – das Schweizer Konsumentenportal mit vielen Informationen zu den Themen…» und dahinter folgen rund fünfzig Stichwörter, von verschiedenen Schreibweisen wie K-Tip und ktipp über Konsum, Test, Beratung, Handy, Steuertipps – und so hat diese Site die Chance, mit all diesen Stichwörtern gefunden zu werden.

Die Adresse schliesslich, die angezeigt wird, gibt auch wichtige Hinweise. So kann man davon ausgehen, dass eine Seite der Uni München eine gute Informationsquelle ist.

**Gegen den allgemeinen Trend:
Alternativen zu Google**
Wie bereits erwähnt, werden heute die allermeisten Suchabfragen über **Google** ausgeführt. Dennoch gibt es andere Möglichkeiten, im Web zu suchen. So gibt es auch andere Suchmaschinen:
■ **Yahoo:** Die Nummer 2 der Suchmaschinen weltweit ist Yahoo. In der Funktionalität ähnlich wie Google,

aber mit weniger verschiedenen Möglichkeiten: www.yahoo.ch.

■ **Bing:** Microsoft sieht sich zunehmend von Google herausgefordert (siehe Kasten Seite 29). Mit der Suchmaschine Bing, die die frühere «Livesearch» ersetzt, will Microsoft dagegenhalten: www. bing.com. Bing wurde Mitte 2009 eingeführt, ob sie sich etablieren kann, ist offen. Microsoft ist auf der Suche nach Partnern, im vergangenen Sommer wurde mit Yahoo vereinbart, dass die beiden Suchmaschinen zusammengelegt werden. Eine neckische Site ist www.bing-vs-google.com, hier lässt sich direkt vergleichen, was Google und Bing finden. Mit dem Stichwort «Fahrradübersetzung» bringt Bing 12, Google über 1800 Seiten. Das liegt unter anderem daran, dass Bing vorerst stark auf den US-Markt ausgerichtet ist.

■ Eine weitere Google-Konkurrenz wurde 2008 mit **Cuil** lanciert. Deren Macher, die zum Teil von Google gekommen sind, behaupten etwas gar vollmundig, Cuil sei «die grösste Suchmaschine der Welt»: www. cuil.com.

■ **Weitere:** Es gibt noch einige kleinere Suchdienste wie etwa www.ask.de, www.lycos.de oder www.excite.de. Eine andere ist www.metager.de, eine deutsche sogenannte Meta-Suchmaschine, die andere Suchmaschinen abfragt, aber Google auslässt.

■ **«Grüne Suchmaschinen»:** Suchabfragen verbrauchen Energie und belasten somit die Umwelt (siehe Kasten oben rechts). Um diesen

Effekt auszugleichen, gibt es Suchmaschinen, die die Erträge aus Werbeklicks für CO_2-Kompensationsprojekte verwenden und angeben, auf diese Weise könne man mit jeder Suche ein kleines Stück Regenwald retten: http://ch.forestle.org/de www.ecosia.org

Ein ganz anderer Ansatz, andere Resultate: Webkataloge
Im Unterschied zu Suchmaschinen entstehen Webkataloge, auch Webverzeichnisse genannt, zu einem wesentlichen Teil durch menschliche Arbeit: Sie werden

nicht automatisch erzeugt, sondern von Redaktorinnen und Redaktoren erstellt und geschrieben. Daraus ergeben sich völlig andere Beschreibungen als bei den Suchmaschinen.

Aber daraus ergibt sich auch ein ganz anderes Vorgehen als bei der Suche mit einer Maschine: Ein Webkatalog bietet wie ein Bibliothekskatalog eine Themenliste mit jeweils weiteren Unterrubriken an, in denen man nach den gewünschten Informationen suchen kann.

Die Katalogsuche führt einen zu Sites, nicht zu Seiten

Ein Suchergebnis verweist in der Regel auf eine Homepage, und der dahinter folgende Text ist der Kommentar der Redaktion zu der Site. Sie gelangen also mit einer Katalogsuche, anders als mit der Suchmaschine, nicht auf eine Seite mit einem bestimmten Suchbegriff, sondern auf eine ganze Site.

Ob Sie dort die gewünschte Information wirklich finden, ist damit noch nicht gesagt, aber Sie haben rasch ein Angebot an qualifizierten – von Menschen bereits beurteilten – Sites zu Ihrem Thema. Nebenbei erwähnt: Die Sites sind natürlich nicht nur zufällig dort aufgelistet – solche, die von der Redaktion nicht als gut beurteilt werden, finden erst gar keine Gnade, aufgenommen zu werden.

Damit ist auch gleich gesagt, worin die Nachteile eines Webkatalogs liegen: Menschliche Urteile sind immer subjektiv, und

vielleicht haben Sie das Pech, dass genau die Site, welche Sie gebraucht hätten, bei der Beurteilung durchgefallen ist. Ausserdem ist es möglich, dass jemand eine Site unter einem anderen Stichwort katalogisiert als das, unter dem Sie sie suchen – und dann werden Sie sie vermutlich auch nicht finden.

Während aber vor einigen Jahren Kataloge noch gleichberechtigt – und gleich brauchbar – neben den Suchmaschinen standen, hat der Erfolg von Google die Kataloge stark verdrängt. So gibt es von Yahoo, einem der ersten solcher Suchdienste, seit Kurzem nur noch die US-Version auf http:// search.yahoo.com/dir.

dmoz.org: Gehalten hat sich dieser Katalog als Besonderheit, denn DMOZ ist ein Teil des Open Directory Projects. Das bedeutet, er wird nicht von einer kommerziell ausgerichteten Firma, sondern von unzähligen Freiwilligen aufgebaut und unterhalten. Hauptkatalog in Englisch, Links auf deutsch- und anderssprachige Sites: www. dmoz.org. Sogar Google greift für seinen Webkatalog darauf zurück, dieser ist zu finden unter www. google.ch ▶ mehr ▶ und noch mehr ▶ Verzeichnis.

Um auf das Beispiel mit der Suche nach der Fahrradübersetzung zurückzukommen: In der deutschen Version auf www. dmoz.org World/Deutsch findet man über ▶ Sport ▶ Radsport ▶ FAQs, Hilfen und Anleitungen immerhin einen Hinweis auf einen «Online-Ritzelrechner»

Mit Search.ch gibt es einen Schweizer Suchdienst, der neben einer Websuche weitere Funktionen wie das elektronische Telefonbuch, eine Schweizerkarte mit ähnlichen Funktionen wie Google Maps, einen Wetterdienst, eine Nachrichtensuche, Kino- und Fernsehprogramm sowie einen Immobilienmarkt bietet. Die Site wurde von einem kleinen Informatikunternehmen aufgebaut und gehört seit 2004 der Post: www.search.ch.

Suchen nach Mailadressen und andere Suchen

Leider – oder wenn man an die Spam-Seuche denkt: glücklicherweise – gibt es anders als für Telefonnummern für Mailadressen keine umfassenden Verzeichnisse. Das heisst, dass die Suche nach E-Mail-Adressen eine eher schwierige Sache sein kann.

Zwar bestehen durchaus einige Listen, aber diese bringen für die Suche nach Adressen ausserhalb der USA meist wenig, Beispiele sind people.yahoo.com oder www.bigfoot.com.

Recht gross sind die Chancen, wenn man weiss, bei welcher Firma oder Organisation jemand arbeitet: Dann lässt sich meist auf der Website dieser Firma oder Organisation herausfinden, wie dort die Systematik der Mailadressen aufgebaut ist. Heute hat man meist mit einer Systematik wie vorname.name@firma.ch Glück, da viele Firmen die Adressen so aufbauen. Allenfalls wird vom Vornamen auch nur der erste Buchstabe vor dem Punkt verwendet, oder bei kleinen Firmen nur Vor- oder Nachname. Suchen Sie auf der Firmensite nach irgendeiner Personen-Mailadresse, dann ersehen Sie daraus die Schreibweise.

Für die Suche nach Personen sind auch Communitys wie My Space (www.myspace.com) und Facebook (www.facebook.com) Xing (www.xing.com), Linkedin (www.linkedin.com) oder StudiVZ (www.studivz.net) gut geeignet, wo sich die Mitglieder gleich selber vorstellen und oft recht viel von sich preisgeben. Mehr zu den Communitys im Kapitel 6.

Schliesslich bietet sich auch der Weg an, zuerst mit dem Namen über eine Suchmaschine zu gehen. Wenn man Glück hat – und überhaupt Informationen über die betreffende Person findet –, stösst man dabei auch auf eine Mailadresse, etwa über eine persönliche Homepage.

News-Gruppen: ein unglaublich reicher Fundus an Wissen

Ein ganz anderer Weg, etwas zu finden, ist der über News-Gruppen. In Beiträgen des Usenets finden sich enorm viele Informationen, eingebracht von den Gruppenmitgliedern (siehe Seite 64).

Nach News-Beiträgen suchen kann man über die entsprechende Funktion bei Google: Dazu klickt man bei www.google.ch die Links ▶ mehr ▶ Groups an und gibt dann die entsprechenden Stichwörter ein. Die Suche nach «Fahrrad Übersetzung Tabelle» bringt dort zahlreiche Fundstellen, und damit hat man schon mal einige Personen gefunden, welche sich bereits mit dem eigenen oder zumindest einem ähnlichen Problem herumgeschlagen und darüber etwas mehr oder weniger Kluges notiert haben (siehe auch Kasten «Weitere Google-Suchfunktionen» auf Seite 38).

Von der Fundstelle aus gelangt man per Link zur vollständigen Diskussion, das heisst, man sieht die Liste aller Beiträge zum Thema. Wer will, kann dann entweder per Mail direkt mit den Teilnehmerinnen oder Teilnehmern in Kontakt treten oder sich in die Diskussion mit allen einklinken, falls diese überhaupt noch läuft. Dazu muss man sich in der Regel registrieren.

Alternativen: Wikipedia und Archive von Zeitungen

Zwar ist die Suchfunktion von Google heute so umfassend, dass die direkte Suche sehr gut funktioniert. Aber dennoch lohnt es sich, von Fall zu Fall andere Suchfunktionen zu wählen. So kann man direkt ein Online-Lexikon wie Wikipedia (www.wikipedia.org) konsultieren. Dort kann man davon ausgehen, dass man mehr oder weniger kompetente Auskunft bekommt, wenn das gesuchte Wort gefunden wird.

Auch die Sites von Zeitungen und Zeitschriften können gute Fundstellen sein. Das Magazin «Der Spiegel» stellt unter dem Link Spiegel Wissen (www.spiegel.de/thema) ein eigenes Lexikon und das Zeitschriftenarchiv zur Verfügung, und auch «Focus» (www.focus.de) hat das Archiv geöffnet und gratis aufs Web gestellt. Die grossen Schweizer Zeitungen bieten ihre Informationen (mit Ausnahme der tagesaktuellen) nicht oder nur beschränkt – zum Beispiel für Abonnenten – gratis an.

Daneben gibt es kostenpflichtige Datenbanken, in der Schweiz ist hier vor allem die Schweizerische Mediendatenbank zu erwähnen, in der die Artikel fast aller schweizerischen sowie einiger ausländischer Zeitungen und Zeitschriften abgelegt sind. Für Privatbenutzer ist ihr Angebot unter der Adresse www.swissdox.ch zu finden

«Wer-weiss-was» ist ein Netzwerk von Freiwilligen, das auf Gegenseitigkeit beruht. Man registriert sich und darf dann Fragen stellen. Beantwortet werden sie von anderen Mitgliedern, und selber soll man sein Wissen auch weitergeben: www.wer-weiss-was.de.

Etwas Ähnliches gibt es bei Yahoo mit «Clever», auf www.yahoo.ch unter dem Link «Yahoo Clever!» zu finden. Auch dies ist eine Community, in der die Benutzer sich gegenseitig helfen, Fragen zu beantworten.

E-Mail
Die meisten nutzen die elektronische Post

E-Mail, also elektronische Post, ist der meistgenutzte Dienst des Internets. Er erlaubt eine schnelle und umfassende Kommunikation für die verschiedensten Bedürfnisse.

Das Internet ist heute in erster Linie ein Hilfsmittel, um mit anderen Menschen zu kommunizieren – so sehen es zumindest die Nutzerinnen und Nutzer. Laut dem Bundesamt für Statistik versenden und empfangen gegen 90 Prozent der Leute, die das Internet nutzen, E-Mails.

E-Mail hat die Kommunikation tatsächlich wesentlich vereinfacht. Für beruflichen wie auch für privaten Austausch hat man damit ein sehr praktisches Werkzeug zur Verfügung. Und es spielt überhaupt keine Rolle, ob die Kommunikationspartnerin oder der Kommunikationspartner zwei Türen weiter auf demselben Stock oder auf der anderen Seite der Erde sitzt – in Sekunden oder allenfalls Minuten kommt die Mitteilung am Ziel an, und die Antwort ist ebenso schnell wieder zurück.

Wie die gute alte Briefpost: So funktioniert E-Mail
Um die Funktionsweise von E-Mail zu verstehen, kann man die normale Briefpost als Vergleich betrachten: Man schreibt einen Brief, versieht ihn mit der Adresse, wirft ihn in den Briefkasten der Post, diese transportiert ihn über mehrere Stationen an den richtigen Ort, legt ihn dort in den privaten Briefkasten, wo ihn die Empfängerin herausholen, öffnen und lesen kann.

Die Analogie trifft sogar in weiteren Punkten genau zu: Genauso, wie Sie einen Brief an sich selbst adressieren können, können Sie sich auch selber ein Mail schicken. Und wenn Sie ein Mail abgeschickt haben, können Sie nicht wirklich sicher sein, dass es auch ankommt – ausser Sie fragen bei der Empfängerin, dem Empfänger nach.

Die meisten Mailprogramme erlauben es allerdings, die Bitte um Bestätigung in die Mails einzubauen. Outlook stellt zwei Möglichkeiten zur Verfügung:

Um eine Bestätigung für alle versendeten Nachrichten zu bekommen, wählt man im Menü «Extras ▶ Optionen ▶ Einstellungen ▶ E-Mail-Optionen ▶ Verlaufoptionen» und aktiviert dort unter «Für Nachrichten, die ich sende, Folgendes anfordern» wahlweise «Lesebestätigung» oder «Übermittlungsbestätigung». Hier können Sie auch festlegen, wie Ihr Mailprogramm mit Aufforderungen, eine Lesebestätigung zurückzusenden, umgehen soll.

Um eine Bestätigung für eine einzelne Nachricht zu erhalten, klicken Sie im Nachrichtenfenster auf «Optionen» und aktivieren unter «Abstimmungs- und Verlaufoptionen» nach Wahl entweder «Die Übermittlung dieser Nachricht bestätigen» oder «Das Lesen dieser Nachricht bestätigen».

Verschicken Sie dann ein Mail, erhalten Sie eine Bestätigung, dass es angekommen ist oder geöffnet wurde, ausser der Empfänger hat seinerseits sein Programm so eingestellt, dass dieses keine solchen Antworten verschickt. Und ob der Empfänger das Mail auch tatsächlich gelesen hat, wissen Sie natürlich damit auch noch nicht.

Konfigurieren des Programms Microsoft Outlook

Wer von seinem Provider eine CD-ROM mit der Installations-Software bekommt, braucht sich um die Technik nicht zu kümmern. Aber unter Umständen ist es nötig, das Mailprogramm neu zu konfigurieren, etwa wenn man zusätzliche Konten einrichten will.

Oft kann es nützlich oder sogar nötig sein, auf einem Computer mehrere Mailkonten einzurichten. Etwa, wenn Sie zwischen privaten und geschäftlichen Mails unterscheiden wollen, wenn Sie nebenbei Kassierin in einem Verein sind und dort eine eigene Mailadresse haben oder wenn mehrere Personen einen Computer benutzen.

Zur Konfiguration brauchen Sie folgende Angaben:

■ den **Namen des Pop-Servers,** das ist der Server, der Ihnen die elektronische Post ausliefert,
■ den **Namen des SMTP-Servers,** das ist der Server, über den Sie Ihre Post verschicken,
■ **den Benutzernamen,**
■ **das Passwort.**

Alle diese Angaben erhalten Sie von Ihrem Provider.

Zur Einrichtung eines neuen (und zur Bearbeitung eines bereits eingerichteten) Kontos stellt Out-

look – wie die meisten anderen modernen Mailprogramme – einen Assistenten zur Verfügung. Dazu wählen Sie das Menü «Extras ▶ E-Mail-Konten» und dort, ob sie ein neues Konto einrichten oder ein vorhandenes bearbeiten wollen. Dann werden Sie Schritt für Schritt angeleitet. Bei Apples Programm Mail finden Sie diese Möglichkeiten unter Mail ▶ Einstellungen ▶ Accounts.

Dabei können sie folgende Informationen eingeben (beachten Sie auch die Schaltfläche «Weitere Einstellungen»):

■ **E-Mail-Konto:** Einen Namen für das Konto, zum Beispiel «Büro» oder «Privat».
■ **Name:** Der Name, der in den gesendeten Mails als Absendername erscheint. Üblicherweise Ihr Vor- und Nachname.
■ **Kennwort:** Geben Sie das Kennwort ein, das Sie von Ihrem Provider erhalten haben.
■ **E-Mail-Adresse:** Ihre Absenderadresse – üblicherweise diejenige, die zu diesem Konto gehört, zum Beispiel Ihre private Mailadresse.

E-Mail ist ein sehr nützliches Kommunikationsmittel – allerdings droht es wegen der schieren Menge zu einer Plage zu werden, die die Produktivität hemmt und Leute wegen der Überforderung sogar krank werden lässt.

50 Mails bekommt und verschickt ein Arbeitstätiger im Schnitt pro Tag und verwendet darauf 80 Minuten Zeit, wie eine Studie der Stiftung Produktive Schweiz 2007 ergab. Folgende Regeln helfen, die Arbeit mit Mails zu strukturieren:

■ Mails nicht laufend beantworten, sondern zum Beispiel dreimal am Tag. Und dann jeweils alle abarbeiten, ausser die, die mehr Zeit beanspruchen.

■ Überlegen, ob das Mail wirklich wichtig und ob Mail die richtige Kommunikationsform ist.

■ Mails nur an die Empfänger schicken, die es wirklich betrifft.

■ Mails aussagekräftig und knapp formulieren, damit der Empfänger nicht zu viel Zeit damit verliert. Dazu gehört auch eine aussagekräftige Betreffzeile.

■ Pro Mail nur ein Thema behandeln, damit der Empfänger es am richtigen Ort ablegen kann.

■ Selber für die Mails ein gutes Ablagesystem mit Ordnern anlegen, damit man Mails auch wieder findet.

Ausserdem sollte nicht vergessen werden, dass E-Mails Botschaften an andere Menschen sind, deshalb gelten auch hier die Regeln der zwischenmenschlichen Kommunikation (siehe auch Kasten Seite 70).

■ E-Mail ist technisch ein schnelles Medium, deshalb sollte man auch selber schnell damit arbeiten, sprich rasch antworten.

■ Wenn Sie das Mail nicht rasch beantworten, eventuell eine kurze Bestätigung schicken: Ihr Mail ist angekommen, ich werde mich demnächst melden.

■ E-Mails können zwar etwas weniger formell abgefasst werden als Briefe auf Papier. Halten Sie sich aber dennoch an die elementaren Regeln des Anstands und lesen Sie das Mail vor dem Verschicken noch einmal durch.

Sie können aber auch jede andere Mailadresse eingeben.

■ **Antwortadresse:** Wenn Sie Antworten an eine andere als die Absenderadresse geschickt haben wollen, setzen Sie diese dort ein. Beispiel: Sie verschicken geschäftliche Mails von zu Hause, möchten die Antworten aber ins Büro geschickt bekommen.

Unter **«Serverinformationen»** tragen Sie die Namen der Server, den Benutzernamen und das Passwort ein. Beachten Sie: Der Posteingangs- und der Postausgangs-Server können identisch sein, dies muss aber nicht sein. Meist heisst der Eingangs-Server «pop.providername.ch» (Beispiel: pop.blue-

win.ch), der Ausgangs-Server «mail.provider.ch» oder «smtp.provider.ch» («mail.bluewin.ch» beziehungsweise «smtp.bluewin.ch»). Beachten Sie auch, dass das Mailpasswort und das Zugangspasswort für den eigentlichen Internetzugang identisch sein können, aber nicht sein müssen.

Der Benutzername ist oft der Teil der Mailadresse vor dem @-Zeichen, bei peter.mueller@bluewin.ch lautet er peter.mueller. Aber auch das muss nicht so sein.

**Wer mehrere Computer hat:
Mails auf dem Server lassen**

Unter dem Reiter «Erweitert» finden Sie die Option «Kopie auf dem

Server belassen»: Mailprogramme, die das Pop-Protokoll benutzen, laden die Mails vom Mailserver auf den Computer des Nutzers und löschen sie – je nach Einstellung – auf dem Server. Unter Umständen ist es sinnvoll, die Mails dort nicht zu löschen. Etwa wenn jemand regelmässig von mehreren Computern aus seine Mails abruft, zum Beispiel vom Büro mit dem Desktop-Computer und von unterwegs mit dem Laptop.

Dann ist es sinnvoll, das Programm des Laptops so zu konfigurieren, dass die Mails auf dem Server bleiben. Wenn man dann später vom Büro aus den Briefkasten öffnet, wird er auch richtig geleert, und auf dem Bürocomputer stehen alle Mails zur Verfügung, auch diejenigen, die man früher bereits auf den Laptop geladen hat.

In Outlook wählt man dazu das Menü «Extras ▶ E-Mail-Konten» und dort die Option «Vorhandene E-Mail-Konten bearbeiten». Dann aktiviert man (einmal klicken) das gewünschte Konto und klickt auf «Ändern». Unter «Weitere Einstellungen ▶ Erweitert» lässt sich dies so einstellen.

Dort können Sie noch bestimmen, wie lange die Mitteilungen dort gespeichert bleiben sollen. Dieser Wert hängt von der Anzahl der Mails ab, die Sie bekommen, sowie von der Grösse Ihres Postfachs auf dem Mailserver. Die Option «Nach dem Löschen vom Server entfernen» schliesslich sorgt dafür, dass die Mails auf dem Server entfernt werden, wenn Sie sie in Ihrem eigenen Mailprogramm löschen.

Ziemlich unsichere Sache: Irreführungen mit E-Mails

Wie im Abschnitt über die Konfiguration des Mailprogramms geschrieben wurde, kann jede Nutzerin, jeder Nutzer im Mailprogramm Fantasieangaben eintra-

---

INFO: FILTER – NICHT NUR FÜR SPAM NÜTZLICH

Outlook ermöglicht es, auf einfache Art Spam auszufiltern. Die entsprechende Einstellung findet sich unter «Extras ▶ Optionen ▶ Einstellungen ▶ Junk-E-Mail ▶ Optionen». Dort lassen sich verschiedene Stufen einstellen. Zusätzlich kann man bestimmte Adressen auf eine Liste der sicheren Absender setzen, dann werden sie nie als Spam behandelt, andere kann man auf eine Liste der blockierten Absender setzen, dann werden sie immer als Spam betrachtet.

Zusätzlich lassen sich unter «Extras ▶ Regeln und Benachrichtigungen» Regeln definieren, nach denen Mails behandelt werden. So lässt sich zum Beispiel definieren, dass Mails mit dem Wort «Viagra» im Titel oder im Text gleich in den Spam-Ordner verschoben werden. Oder dass Mails von einer bestimmten Absenderadresse direkt irgendwohin befördert werden.

Die Funktion kann auch benutzt werden, um Mitteilungen, die nicht Spam sind, direkt irgendwo abzulegen, etwa Mails des Vereinsvorstands direkt in den entsprechenden Ordner.

Bei Apple Mail finden sich die Einstellungen unter Mail ▶ Einstellungen-Werbung.

Für den Einkauf im Internet, für das Handeln auf Plattformen wie Ebay oder Ricardo, aber auch für andere Zwecke möchte man vielleicht gern eine zusätzliche Mailadresse, die anderen nicht auf den ersten Blick verrät, wer dahintersteckt. Oder eine, die man stilllegen kann, wenn das Postfach mit Spam-Mails überquillt.

Betreiber wie Google (www.google.ch), GMX (www.gmx.ch) und Yahoo (www.mail.yahoo.de) bieten kostenlose Mailzugänge an. Je nach Bedürfnis können Sie damit für bestimmte Personen eine (weitere) Privatadresse mit ihrem richtigen Namen oder mit Pseudonym einrichten. Wenn Ihr eigener Provider Ihnen mehrere Mailadressen offeriert, können Sie natürlich auch dort für verschiedene Zwecke unterschiedliche Adressen verwenden.

gen. Dies betrifft vor allem den Namen und die Mailadresse des Absenders. Damit ist auch gleich gesagt, dass ein Mail überhaupt nicht von der Person oder Firma stammen muss, deren Name und Absenderadresse angegeben ist.

Lassen Sie sich also nicht täuschen: Mit grosser Sicherheit können Sie davon ausgehen, dass die Lina oder Susi, die Ihnen ein Mail schickt mit dem Betreff «Ich habe dich neulich in der Disco gesehen», in Wirklichkeit ein Johnny oder ein Boris ist, der nicht in Ihrem Nachbardorf, sondern in Kalifornien oder in Russland wohnt und Ihnen etwas andrehen will.

Zwar ist es eher unwahrscheinlich, dass jemand einen echten, Ihnen bekannten Namen als Absender verwendet. Diesen zu finden dürfte schwierig sein, ausser, jemand kennt Sie persönlich.

Allerdings muss hier gleich ein «Aber» folgen: Zum einen können

Viren aus dem Adressbuch des Empfängers Mailadressen «stehlen» und diese dann für den Weiterversand verwenden. Damit kann ein solches Viren-Mail tatsächlich von der Adresse einer Ihnen bekannten Person aus geschickt werden. Und zum anderen beherrschen die Spam-Versand-Programme andere Tricks wie etwa den, die Zieladresse auch als Absenderadresse anzugeben. Das heisst, Sie bekommen ein Mail von sich selber – und wer würde da nicht neugierig werden und es öffnen?

Spam – die Seuche des Internetzeitalters

Wer kennt es nicht: Da meldet sich per E-Mail eine Sonja, die einen treffen möchte, oder ein Robert, der einem etwas verkaufen will, zum Beispiel ein Potenzmittel. Oder jemand aus Afrika möchte Ihnen gern ein paar hunderttausend Franken auf Ihr Konto überweisen.

Das ist Spam, unerwünschte und unangeforderte Werbung, die in Serie verschickt wird. Meist über fremde Mailserver und mit nicht nachvollziehbaren oder gefälschten Übermittlungsangaben, sodass der Urheber nicht zu eruieren ist. Und ganz sicher können Sie sein, dass Reklamationen an die Absenderadresse nichts nützen. Im Gegenteil: Damit beweisen Sie, dass Ihre Mailadresse existiert, und Sie werden nun umso mehr Spam-Mails bekommen.

Wie bereits beschrieben, lassen sich die Angaben im Mail ziemlich leicht verändern, sodass Sie überhaupt keine Gewähr haben, dass die Absenderin beziehungsweise der Absender auch wirklich die Person ist, als die sie sich ausgibt. Und lassen Sie sich von Betreffzeilen wie: «Deine Nachricht» oder «Antwort: Dein Mail von gestern» nicht täuschen.

Was das Erkennen von Spam-Mails erleichtert: Die meisten sind englisch geschrieben, und wenn Sie nicht oft solche Mails erhalten, ist die Wahrscheinlichkeit gross, dass eine englische Mitteilung von einer Ihnen unbekannten Person Spam ist. Anderseits bietet eine deutsche Betreffzeile keineswegs die Garantie, dass es sich bei dem Mail nicht um Spam handelt.

Und schliesslich eine ganz einfache Regel: Benutzen Sie den gesunden Menschenverstand. Wenn Ihnen jemand mitteilt, dass Sie in einem Lotto gewonnen haben, von dem Sie den Namen noch nie gehört haben, wenn Ihnen jemand Unsummen Geld verspricht – überlegen Sie zuerst, wie wahrscheinlich das ist, bevor Sie auf einen Link klicken. Oder seien Sie generell misstrauisch bei Mails von Absendern, die Ihnen unbekannt sind. Wenn Ihnen eine Brigitte Sander, von der Sie noch nie im Leben etwas gehört haben, ein Mail schickt mit dem Betreff «Arbeiten ist nicht gleich Arbeiten», dann können Sie es getrost unbesehen in den Papierkorb befördern.

Mehr dazu im Kapitel 8.

**Massnahmen gegen Spam:
Leider nicht sehr wirksam**
Was können Sie aber konkret dagegen tun? Die Antwort ist leider:

TIPP: PASSWÖRTER

Beachten Sie, dass das Passwort für den Internetzugang bei Ihrem Provider und jenes für den Zugang für den Mailserver nicht identisch sein müssen – obwohl es in der Regel so ist. Falls Sie also Probleme mit dem Mailzugang haben, überprüfen Sie zuerst einmal, ob das Passwort wirklich das richtige ist.

Richtig schützen kann man sich vor Spam nicht. Moderne Mailprogramme bieten zwar die Möglichkeit, Filter zu installieren (siehe Kasten auf Seite 53).

Doch da die Spammer ihre Absenderadressen ständig ändern und auch die heiklen Wörter immer wieder anders schreiben, etwa «S E X» mit Zwischenräumen statt «Sex», sind solche Filter oder Regeln wenig nützlich – und es kostet immer wieder Zeit, sie zu aktualisieren.

Weiter gibt es einige grundsätzliche Empfehlungen, wie man Spams zumindest teilweise eindämmen kann:

■ Verwenden Sie verschiedene E-Mail-Adressen. Benutzen Sie eine nur bei Einkäufen, Anfragen oder Registrierungen übers Web, eine andere für Mailinglisten und News-Gruppen. Seien Sie besonders mit Ihrer privaten Adresse zurückhaltend.

■ Antworten Sie in News-Gruppen immer innerhalb der Gruppe und nicht via E-Mail – und wenn, verwenden Sie dazu eine spezielle E-Mail-Adresse (siehe Kasten auf der vorhergehenden Seite).

Neben dem POP-Protokoll gibt es ein weiteres, mit dem Mails vom Mailserver geholt werden können: das IMAP-Protokoll. IMAP wird wie POP mit speziellen Mailprogrammen wie Outlook oder Apple Mail benutzt, wenn der Mailprovider dies unterstützt. Die Mailkonten werden gleich konfiguriert.

Der Unterschied zu POP: Mit IMAP laden Sie die Mails auch vom Server auf den eigenen Computer, aber sie bleiben auf dem Mailserver. Damit können Sie Ihre Mails auch von einem andern Computer anschauen und bearbeiten. Zudem kann man mit IMAP auch nur Teile des Mails abrufen, zum Beispiel den Absender und die Betreffzeile. Wenn Sie die volle Funktionalität von IMAP-Mails nutzen wollen, brauchen Sie eine Verbindung zum Mailserver. Damit ist IMAP gewissermassen eine Mischform zwischen POP- und Webmail.

■ Deaktivieren Sie die HTML-Funktion. Das ist allerdings nur für Mails möglich, welche Sie selbst versenden: in Outlook können Sie unter dem Menü «Extras ▶ Optionen» und dem Reiter «Senden» das Format «Nur Text» aktivieren. Eingehende Mails im HTML-Format werden in diesem angezeigt.

Pop-Mail und Web-Mail: Die zwei verschiedenen Techniken

Technisch betrachtet gibt es zwei grundsätzlich verschiedene Arten, auf Mails zuzugreifen: Mail mit einem speziellen Programm und Web-Mail. Auch wenn für die Benutzung von E-Mails ziemlich unwichtig ist, mit welchem Protokoll die E-Post verschickt wird, gibt es doch ein paar Unterschiede, die sich auf die Benutzung auswirken.

Mail mit einem speziellen Programm: Solche Programme wie Outlook, Apple Mail oder Mozilla Thunderbird funktionieren mit den Mail-Protokollen Pop oder IMAP (siehe Kasten links) und SMTP.

Web-Mail: Der Name sagt es schon, diese Mails werden über das normale Web verschickt. Dazu wird das HTML-Protokoll verwendet, und die Mails werden auf normalen Webseiten (also im Browser) angezeigt und bearbeitet. Dienste wie das Mail von Bluewin, Yahoo Mail, Hotmail von Microsoft oder Netscape Mail funktionieren nach diesem Standard.

Die wichtigsten Unterschiede: Mailprogramme laden die Mails vom Mailserver auf den eigenen Computer herunter, hier werden sie gespeichert, und hier können sie auch verwaltet (in Ordner abgelegt, verschoben, wieder aufgerufen) werden. Auf dem Mailserver werden sie (in der Regel) gelöscht. Die verschickten Mails bleiben ebenfalls (je nach Einstellung des Programms) auf dem eigenen Computer gespeichert.

Web-Mails bleiben auf dem Server. Dort können sie ebenfalls in Ordner abgelegt und bearbeitet werden. Will man sie lesen, muss man mit dem Internet verbunden und der Browser muss geöffnet sein. Ist aber der Browser wieder geschlossen oder die Verbindung unterbrochen, sind sie auch vom eigenen Computer verschwunden. Die Mails lokal zu speichern, ist zwar möglich, aber umständlich.

Welche Variante bequemer ist, muss jeder Benutzer selber herausfinden und entscheiden.

Offen ist, wo die Mails sicherer sind: Im eigenen Computer können sie wegen eines Festplatten-crashs oder eines anderen Unglücks verschwinden. Aber vor einigen Jahren gingen auch beim Internetanbieter Sunrise 500 000 Webmails wegen einer Panne verloren.

Ein richtiges Mailprogramm ist besser als Web-Mail

Das Arbeiten mit einem Pop-Mailprogramm ist in der Regel komfortabler und geht schneller, da Sie die Mails auf Ihrem Computer gespeichert haben und nicht auf dem Netz arbeiten. Die Netzverbindung wird nur für das Abholen und Senden gebraucht. Anders bei Web-Mail: Hier wird jede Bearbeitungsfunktion – neues Mail öffnen, speichern, verschieben – über das Netz ausgeführt, allerdings ist der Geschwindigkeitsnachteil mit den schnellen Verbindungen heute nicht mehr gross.

Eine andere Beschränkung, die vor ein paar Jahren noch galt, hat heute an Bedeutung verloren: Die meisten Mailprovider stellen heute meist mehr als genügend Platz zur Verfügung, damit man auch viele grosse Mails, etwa mit Bildern oder Videos, lagern kann. Mehrere Hundert Megabyte Speicherplatz sind heute bereits bei den günstigen Angeboten Standard, andere Anbieter stellen 1 oder mehr Gigabyte zur Verfügung, und Google trumpft gar mit astronomischen 7 Gigabyte auf (Stand Ende 2009, der Speicherplatz wird laufend ausgebaut).

Web-Mail kann von überall auf der Welt abgerufen werden

Der Pop-Mail-Zugang wird im eigenen Mailprogramm konfiguriert

TIPP: DATEIEN ANHÄNGEN UND KOMPRIMIEREN

Eine Datei an ein E-Mail anhängen zu können, ist etwas ungemein Praktisches: Den Briefentwurf im Word-Format noch rasch an die beteiligte Kollegin schicken, damit sie ihr O.K. geben kann, das Bild der soeben besichtigten Wohnung an den Freund versenden, damit er auch einverstanden ist, wenn Sie gleich absagen – die Anwendungsmöglichkeiten sind unbeschränkt.

Doch denken Sie daran, dass besonders bei grossen Dokumenten wie Bildern oder gar Video-Sequenzen – beliebt sind auch grosse Power-Point-Präsentationen – Probleme entstehen können. So beschränken vor allem Gratis-Provider die Grösse der Mails, womit diese bereits mit wenigen grossen Anhängen voll sind und verstopfen können.

Deshalb sollte man vor dem Versenden von Dateien, die grösser sind als etwa mehrere

Megabyte, abklären, ob der Empfänger diese auch herunterladen kann. Um das Problem zu umgehen, kann man grosse Dokumente entweder in mehrere kleinere aufteilen oder komprimieren

Komprimieren: Wenn das Betriebssystem diese Funktion nicht selber anbietet – sowohl Windows XP wie auch Mac OS X haben diese Funktionalität integriert –, kann man dies mit einem zusätzlichen Programm tun, solche Programme sind als Freeware oder Shareware zum Beispiel etwa hier erhältlich: www.download.com.

Allerdings sind Dateien, die bereits über Internet verschickt worden sind, oft schon komprimiert. MPEG-Videos, JPEG-Bilder und MP3-Musikdateien zum Beispiel lassen sich auch mit solchen Kompressionsprogrammen nicht weiter verkleinern.

(siehe dazu den Abschnitt über die Konfiguration von Outlook auf Seite 51). Wer verschiedene Mailadressen hat, muss für jede ein separates Konto einrichten. Wenn Sie nun Ihre Mails abrufen, so werden diese auf Ihren Computer geladen und auf dem Server gelöscht (ausser Sie ändern die entsprechende Einstellung, was unter Umständen sinnvoll sein kann, siehe den entsprechenden Absatz auf Seite 53).

Wollen Sie von einem anderen als dem eigenen Computer aus Ihre Mails mit einem Programm wie Outlook lesen, müssen Sie dort relativ aufwendig ein eigenes Konto konfigurieren. Achtung: Wenn Sie es danach nicht löschen, bleibt es dort bestehen, sodass künftig jeder andere Benutzer an diesem Computer Ihre Mails lesen kann.

Der grosse Vorteil von Web-Mail-Diensten ist, dass man die Post von jedem Internet-Computer auf der ganzen Welt abrufen kann; dazu braucht man nur den Benutzernamen und das Passwort einzugeben.

Allerdings bieten einige Provider beide Möglichkeiten an, sodass man die Mails nach Wahl mit dem Mailprogramm herunterladen oder im Web bearbeiten kann.

Kommunizieren
Post, Radio, TV – alles läuft übers Internet

Neben E-Mail gibt es noch weitere und raffiniertere Möglichkeiten, über das Internet Textbotschaften zu versenden. Und zunehmend werden auch klassische Kommunikationstechniken auf dieses weltumspannende Netz verlagert.

Es ging ziemlich lange, bis sich diese Technik und dieses Kommunikationsmittel durchsetzte: Telefonieren über Internet. Da Internetverbindungen über die gleichen Leitungen laufen wie die normalen Telefongespräche, aber man für Internet-Verbindungen nichts bezahlt, musste dies irgendwann kommen.

Den Durchbruch brachte die Software Skype, lanciert von zwei Esten 2003. Die Software erlaubt es, von einem normalen Computer mit Internetverbindung zu einem beliebigen anderen Internet-Computer zu telefonieren. Dazu braucht es nur eine Soundkarte, einen Lautsprecher und ein Mikrofon, was heute alles zur Standardausrüstung gehört oder für wenig Geld und in besserer Qualität nachgerüstet werden kann.

Später wurde das Angebot verbessert und verbreitet, heute ist es auch möglich, mit Skype von einem Computer aufs Festnetz und aufs Handy anzurufen und umgekehrt. Und inzwischen gibt es sogar eigentliche Skype-Telefonapparate, mit denen man über einen WLAN-Hotspot telefonieren kann. Die Sykpe-Software ist auch für bestimmte Mobiltelefone und für die Sony-Playstation-Spielkonsole er-

hältlich, womit diese zum Telefon wird. Telefoniert wird mit diesen Handys und der Playstation auch über WLAN-Netze. Ausserdem ermöglicht die Software in der aktuellen Version die Bildübermittlung, Skype ist also auch ein Video-Telefonie-System.

Daneben werden heute – vor allem für Unternehmen – Telefone, Zentralen und Verbindungen angeboten, die ebenfalls wie Skype mit Internetverbindungen funktionieren. Solche Verbindungen, die das Internetprotokoll IP benutzen, heissen mit dem englischen Fachbegriff «Voice over Internet Protocol» (deutsch etwa: Sprachkommunikation über das Internetprotokoll), abgekürzt VoIP. Diese Anlagen unterscheiden sich für den Benutzer in keiner Weise von konventionellen Telefonen.

Erforderlich für Internettelefonie ist in jedem Fall eine Breitbandverbindung, da die Übertragung von Sprache viel grössere Datenmengen erfordert als etwa die von Textdokumenten oder Webseiten.

Die Skype-Software kann gratis heruntergeladen werden bei www.skype.de. Nach der Installation finden Sie ein neues Symbol in der Taskleiste, und das Programm ist einfach zu verstehen – man wird durch die Installation geführt.

Bildschirm ist Bildschirm: Fernsehen übers Internet
Fernsehen übers Internet gibt es in verschiedenen Formen. So kann man beispielsweise viele Sendun-

gen des Schweizer Fernsehens nach der Ausstrahlung über die Website www.sf.tv auf dem eigenen Computer noch einmal anschauen. Dann werden sie in einem separaten kleinen Browser-Fenster abgespielt. Auch die Privatsender wie Tele Züri (www.telezueri.ch), Tele Bärn (www.telebaern.ch) und Telebasel (www.telebasel.ch) bieten diesen Service an.

Der deutsche Privat-TV-Sender RTL erlaubt es sogar, ganze Fernsehfilme und -serien gratis herunterzuladen, diese sind hier zu finden: http://rtl-now.rtl.de.

Dann gibt es im Internet viele TV-Sendungen zu den verschiedensten Themen. Diese werden mehr oder weniger aufwendig nur für die Verbreitung über Internet hergestellt. In der Schweiz bekannt ist etwa Teleblocher (www.teleblocher.ch), bei dem jede Woche ein Gespräch mit dem Ex-Bundesrat Christoph Blocher ausgestrahlt wird. Aber auch Unternehmen nutzen diese Technik immer öfter für ihre Zwecke, so etwa die SBB, die mit www.gleis7.ch Internet-TV für Jugendliche macht. In Deutschland hat Ehrensenf (www.ehrensenf.de) – das Wort ist eine Verdrehung von «Fernsehen» – sich einen Namen gemacht, ein Programm, das einfach nur unterhalten will, eine moderierte Präsentation von allen möglichen Seltsamkeiten aus der ganzen Welt.

Auf dem Portal www.internettv.ch sind zahlreiche solche Sendungen zu sehen, übersichtlich ge-

gliedert nach Regionen, nach Sportarten mit rund drei Dutzend Rubriken, hinzu kommen die beiden Bereiche «People & Lifestyle» und nach «Wirtschaft & Politik» mit einem breiten Spektrum vom Bure-TV über Politik bis zu Fachreferaten.

Auf der Site www.dmoz.org ▶ World ▶ Deutsch ▶ Medien ▶ Fernsehen ▶ Internet-TV ist eine Liste von deutschen Internet-TV-Sendern zu finden.

Das Internet macht Fernsehen auch für kleine Anbieter möglich: Rheintal TV bei www.internettv.ch

Zattoo ist richtiges Fernsehen auf dem Computer. Hier sind auch Sender wie CNN oder das arabische Pendant Al Jazeera English (Bild) zu empfangen

Zattoo: Kleines, aber richtiges Fernsehen auf dem Computer

Anders funktioniert Zattoo: Entweder über ein spezielles Programm, das man auf dem eigenen Computer installiert, oder mit dem Flash-Player direkt im Browser stehen einem Dutzende von Fernsehsendern in Echtzeit zur Verfügung, das heisst, es sind die aktuell laufenden Programme zu sehen. Darunter die öffentlich-rechtlichen der Schweiz und der Nachbarländer, Privatsender, Spartensender und

TIPP: RADIOSENDUNGEN AUFNEHMEN

Radiosendungen – solche von Internet-Radiostationen oder solche von normalen Sendern, die nachträglich als Stream zum Download angeboten werden – kann man auf einem PC nicht nur hören, sondern auch auf der Festplatte speichern. Dazu ist allerdings zusätzliche Software nötig wie No 23 Recorder (für Windows, kann gratis heruntergeladen werden bei http://no23.de). Dieses Programm speichert das, was gerade über die Soundkarte läuft, es eignet sich also für die Aufzeichnung von Sendungen, die man bereits gefunden hat. Mehr Möglichkeiten bietet der Phonostar-Player (ebenfalls Windows, gratis bei www.phonostar.de), er enthält eine Liste von über 5000 Radiosendern, die man auch selber erweitern kann, und er erlaubt die zeitversetzte Aufnahme mit einem Timer und das Abonnieren von Podcasts.

Für Mac-Computer gibt es die Freeware Radiorecorder unter http://radiorecorder.softonic.de/mac.

renommierte Stationen wie CNN und Al Jazeera.

Zattoo, entstanden in der Schweiz, ist das erste Programm, das echte, «normale» Fernsehprogramme via Internet überträgt, und das Unternehmen brachte auch das kleine Kunststück fertig, all diese Fernsehsender zu überzeugen, mitzumachen – besonders die öffentlich-rechtlichen, die in ihren Ländern für das Zuschauen Gebühren verlangen, denn Zattoo ist völlig legal und in der Basisversion gratis. Gegen Bezahlung können verschiedene Sender in besserer Qualität empfangen werden. Allerdings braucht man auch für den Zattoo-Empfang eine Konzession (siehe Kasten «Radio- und TV-Gebühren» auf Seite 64).

Zattoo kann allerdings auch für andere TV-Zwecke genutzt werden, so produzierte die Zeitung «Blick» während der Fussball-Europameisterschaft 2008 eine eigene Spezialsendung und strahlte sie über Zattoo aus.

Zattoo kann hier heruntergeladen werden: www.zattoo.com.

Ohne zusätzliche Software funktioniert www.nello.tv, dieses Angebot ist allerdings kostenpflichtig, dafür ist die Bildqualität besser als bei Zattoo.

Eine weitere Variante stellt Swisscom-TV dar: Das Signal wird über das ADSL-Telefonkabel übertragen, man braucht eine sogenannte Set-Top-Box, das ist eine Art Modem zwischen der Telefonsteckdose und dem Fernseher – das Bild wird nicht auf dem Computer dargestellt. Damit hat man eine Auswahl aus über 130 Sendern und das Bild kommt in HDTV-Qualität auf den Schirm.

Etwas gilt für alle Formen von Internet-TV: Zum Empfang braucht man unbedingt eine schnelle Übertragung: ADSL, TV-Kabel, WLAN.

Auch das Radiosignal wird übers Internet verbreitet

Für Radio übers Internet gilt wie fürs Fernsehen: Das gibt es in verschiedenen Formen. Radiosendungen der konventionellen Sen-

INFO: STREAMING

Vor der Entwicklung von MP3 waren Musikdateien sehr gross – zu gross, als dass man sie mit einer Modemverbindung rasch genug aus dem Internet hätte herunterladen können. So benötigt ein normales Stück von 3 bis 4 Minuten Spieldauer unkomprimiert rund 30 bis 40 Megabyte Speicherplatz. Abhilfe brachte die Streaming-Technik. Dabei wird der Datenstrom heruntergeladen und mit einer leichten Zeitverzögerung abgespielt. Die Daten werden zuerst in einem sogenannten Pufferspeicher abgelegt und von dort kontinuierlich an den Player weitergeleitet. Auf diese Weise werden Unregelmässigkeiten beim Download aus dem Internet ausgeglichen. Mit dieser Technik ist es sogar möglich, Live-Übertragungen von Konzerten oder Nachrichten über Internet zu empfangen.

Heute werden auch MP3-Datenströme gestreamt, um auf diese Weise eine möglichst gute und regelmässige Wiedergabe zu erzielen. Und dieselbe Technik wird auch für die Übertragung von Videosequenzen benutzt.

Ein anderer Aspekt der Streaming-Technik: Da die Daten nur vorübergehend während des Abspielens auf dem Computer des Nutzers sind und nachher gleich wieder gelöscht werden, können sie grundsätzlich nicht wiederverwendet oder gespeichert oder gar auf CD gebrannt werden – wobei dies mit Zusatzprogrammen trotzdem möglich ist (siehe Kasten «Radiosendungen aufnehmen» links).

Wer mit einem digitalen Gerät wie einem PC Radio hört oder fernsieht, braucht eine Empfangskonzession. Von dieser Pflicht ausgenommen ist der Empfang von gestreamten Fernseh- oder Radioprogrammen über EDGE/UMTS, da die Empfangsqualität sehr bescheiden ist. Wenn jemand bereits für Radio und Fernseher zu Hause Konzessionen hat und Gebühren bezahlt, ist der Empfang auf allen zusätzlichen Geräten inbegriffen.

der kann man live oder zu einem späteren Zeitpunkt als Stream (siehe Kasten Streaming auf Seite 63) auf dem Computer anhören oder als Podcast (siehe Kasten auf Seite 134) auf ein Mobilgerät laden und dann anhören, wenn man Zeit und Lust dazu hat. Zum Radiohören über PC ist ein Mediaplayer nötig, der, wenn er nicht bereits auf dem Computer installiert ist, meist gleich über einen Link auf der Site der Radiostation heruntergeladen werden kann.

Daneben gibt es zahllose Radiostationen, die ihre Sendungen nur übers Internet verbreiten. Sehr einfach ist der Empfang, wenn man über das Programm iTunes von Apple verfügt, das auf jedem neuen Mac installiert ist und für Windows-Computer auf www.apple.ch ▶ iPod + iTunes gratis heruntergeladen werden kann. Dort bietet eine Menüfunktion «Radio» den Zugriff auf Sender aus der ganzen Welt, vor allem Musik-Spartensender, die dann direkt in iTunes abgespielt werden.

Auf der Website www.live365.com sind die Links auf Tausende von Radiostationen der ganzen Welt zu finden, die ebenfalls mit einem Mediaplayer gehört werden können. Eine Liste von vielen deutschsprachigen Sendern ist auf www.radio-today.de ▶ Senderwahl zu finden mit jeweils einem Link zur Website des Senders. Musiksender in allen erdenklichen Stilen sind auf www.live365.com zu finden.

Ein Schweizer Radioportal ist www.mx3.ch, auf dem man sich aus einer Liste von vielen Schweizer Sendern oder nach Stilen «sein Radio» zusammenstellen kann.

Internet-Radio hören kann man allerdings auch ohne Computer: Es gibt viele Internet-Radiogeräte, die aussehen und funktionieren wie normale Radios, aber die Signale nicht konventionell «durch die Luft» bekommen, sondern über das Internet und im Haus oder Büro von einem schnellen Internet-Anschluss per Kabel oder drahtlos über WLAN (siehe dazu Kapitel 2, Surfen). Diese Geräte haben gegenüber dem PC ein paar Vorteile. So sind sie wesentlich billiger, und sie sind nach dem Einschalten sofort auf Empfang.

News-Gruppen: Die Diskussionsforen im Internet

Auch wenn man im ersten Augenblick vielleicht davon erschlagen wird: News-Gruppen sind sehr nützliche Kontakt- und Informationsstellen.

Erschlagen deshalb, weil es weltweit Zehntausende davon gibt

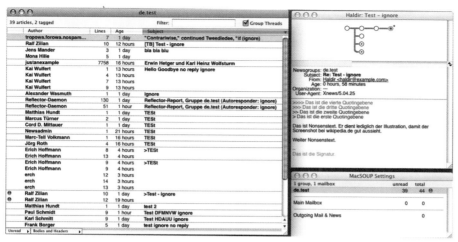

Newsreader wie Mac Soup zeigen die Liste der Beiträge und auch eine grafische Darstellung des Diskussionsverlaufs (oben rechts)

– die meisten in Englisch – und man unter Umständen schon ein bisschen suchen muss, bis man die richtige Gruppe gefunden hat. Dann aber ist man an einem Ort gelandet, wo man mit Menschen aus der ganzen Welt über jedes erdenkliche Thema diskutieren und auch kompetente Antworten auf Fragen bekommen kann.

Grundsätzlich funktioniert das News-System ähnlich wie E-Mail:

Auch hier können Sie Nachrichten verfassen, verschicken, empfangen, lesen, aufbewahren, beantworten. Der wesentliche Unterschied ist der, dass die Nachrichten nicht nur an eine Empfängerin oder einen Empfänger gehen, sondern an alle, welche diese News-Gruppe abonniert haben.

Praktischerweise kann man deshalb auch gleich das Mailprogramm Outlook für diesen Zweck

INFO: LAST.FM – RADIO-SITE UND DOWNLOAD-DIENST

Last.fm (www.lastfm.de) ist ein gutes Beispiel dafür, wie Websites heute verschiedene Funktionen in sich vereinigen. Der eigentliche Zweck ist es, dass man hier Musik hören kann und dann aufgrund des eigenen Hörprofils neue Musik, aber auch Konzerthinweise vorgeschlagen bekommt und dass man zu anderen Leuten Kontakt finden kann, die einen ähnlichen Musikgeschmack haben. Inzwischen hat Last.fm bereits einen Katalog von 80 Millionen Musikstücken, von denen 1 Million direkt mit Streaming gehört werden können, sowie 150 000 Stücke im MP3-Format, die gratis heruntergeladen werden können – damit ist Last.fm auch ein Download-Dienst (siehe «Heute ist jede Art von Musik im Internet zu finden» auf Seite 75).

benutzen. Dazu muss man das Menü erst konfigurieren und ein Konto errichten. Dabei wird man von der Microsoft-Hilfe geführt, wenn man dort nach «Starten des Newsreaders» sucht.

Ob man den richtigen Namen verwendet oder ein Pseudonym, muss jeder selber entscheiden, das wird in den verschiedenen News-Gruppen unterschiedlich gehandhabt. Aber als Mailadresse empfiehlt sich eine, die man bei Bedarf rasch löschen oder einfach stilllegen kann, etwa wenn man darüber viele Spam-Mails erhält.

Geben Sie eine falsche Adresse ein, können Sie aber die Beiträge in der Gruppe dennoch lesen und auch selber welche verschicken, denn die News-Mitteilungen werden nach einem anderen Protokoll, mit anderen Adressen und über andere Server verschickt als Mails.

Dann müssen Sie sich noch bei einem News-Server anmelden, eine Liste der Server finden Sie zum Beispiel hier: www.newzbot.com. Nachdem Sie das Konto eingerichtet haben, fragt Sie Outlook, ob Sie die Liste der News-Gruppen vom Server laden möchten. Wählen Sie «Ja», und in kurzer Zeit haben Sie eine Liste der von diesem Server angebotenen Gruppen.

Wählen Sie erst einmal eine oder vielleicht zwei Gruppen aus, indem Sie sie markieren und dann auf «Abonnieren» klicken. Unter dem Menü «Extras/Newsgroups» können Sie später die Liste jederzeit wieder aufrufen und neue Gruppen abonnieren oder Abonnemente löschen.

Eine Alternative dazu ist das Programm Mozilla Thunderbird, das – genau wie Outlook – in erster Linie ein Mailprogramm ist, aber auch als Newsreader konfiguriert werden kann. Es kann heruntergeladen werden unter www.mozillamessaging.com. Für Mac-Benutzer zu empfehlen ist etwa MacSoup, zu finden bei www.versiontracker.com.

So finden Sie die richtige News-Gruppe

Mit einem Newsreader finden Sie die richtige News-Gruppe entweder, indem Sie in der Suchfunktion des News-Programms den betreffenden Begriff eingeben, worauf Ihnen diejenigen Gruppen angezeigt

---

INFO: DVB-H, DVB-T

Für die Übertragung von Fernsehsignalen gibt es viele verschiedene Standards oder Techniken. Der Sammelbegriff heisst DVB, Digital Video Broadcasting oder etwa Digitale Verbreitung von Videosignalen, dieser Begriff wird für die verschiedenen Unterarten mit einer Abkürzung ergänzt, die sie näher bezeichnet. Zum Beispiel:

■ DVB-T – das T steht für terrestrisch – ist die traditionelle Übertragungstechnik, bei der das Signal mit einer normalen Fernsehantenne empfangen wird. Fernsehgeräte brauchen dafür einen speziellen Tuner, der bei neuen Geräten meist eingebaut ist. Für Computer gibt es Empfänger in Form von USB-Sticks.

■ DVB-H – H steht für Handheld – ist die Übertragungstechnik für kleine Geräte wie Mobiltelefone. In der Schweiz ist Bluewin-TV über diese Technik zu empfangen.

Weitere Techniken sind zum Beispiel DVB-C für die Übertragung in Kabelnetzen oder DBS-S für Satellitenfernsehen.

werden, welche diesen Begriff im Titel führen. Eine andere Möglichkeit ist, über die Systematik der Namen vorzugehen. Die Namen der News-Gruppen setzen sich aus Abkürzungen zusammen. Die Oberbegriffe und die darin untergebrachten Themen sind:

biz: Geschäft, Finanzen

comp: Computer

misc: Verschiedenes – alles, was sonst in den Gruppen nicht Platz findet

news: die News-Gruppen selber

rec: Freizeit, Kultur, Sport

sci: Wissenschaft

soc: gesellschaftliche Themen

talk: Klatsch, Allgemeines

alt: alternative Gruppen, eher unkonventionell bis zu exzentrisch.

Dann gibt es auch Länderkürzel – für die Schweiz ist es .ch –, die den anderen Kürzeln vorangestellt werden. Wenn Sie etwa über die Schweizer Politik diskutieren wollen, abonnieren Sie die Gruppe ch.soc.politics.

Suchen Sie nach bestimmten Themen, so geben Sie den Suchbegriff oben in das Feld «Newsgroups mit folgendem Inhalt anzeigen» ein. Tun Sie das etwa mit dem Wort «Tauchen», so wird die Gruppe de.rec.sport.tauchen angezeigt, wo Tauchfans auf Deutsch fundiert und engagiert über ihr Hobby diskutieren.

Haben Sie eine Gruppe abonniert und sind Sie online, werden gleich die Mitteilungen geladen, und wie bei E-Mails können Sie jetzt eine Nachricht öffnen, lesen, beantworten.

Sind Sie nicht online, stellen Sie zuerst die Verbindung zum Internet her. Mit dem Befehl «Extras/Konto synchronisieren» beziehungsweise «Extras/Alle synchronisieren» können Sie die dort gespeicherten Meldungen vom Server herunterladen. Ist dies geschehen, können Sie die Verbindung zum Internet wieder unterbrechen, wenn Sie dies wollen.

Verfassen Sie eine Antwort und klicken Sie anschliessend auf «Senden», so wird sie im Postausgangsordner abgelegt, bis Sie wieder die Verbindung aufbauen.

Ein guter Einstieg in das Usenet und in die Newsgruppen ist die Site www.use-net.ch.

Eine Bemerkung noch zur Benutzung von News-Gruppen: Machen Sie sich zuerst eine Zeitlang mit der Gruppe vertraut, achten Sie darauf, welcher Ton herrscht, und halten Sie sich an die Regeln der Höflichkeit (siehe Kasten Seite 52).

Dank Google kommt das Usenet ins World Wide Web

Allerdings geht das alles auch einfacher: Wie alle anderen Dienste des Internets ist auch das Usenet mit den News-Gruppen mit dem Erfolg des WWW in den Hintergrund geraten. Heute werden viele Diskussionen im WWW geführt, auf sogenannten Webforen. Zudem hat Google vor einigen Jahren Deja.com, das grösste Netz und Archiv von Usenet-Diskussionsgruppen, übernommen und in seinen Dienst Google Groups integriert. Damit lassen sich jetzt die-

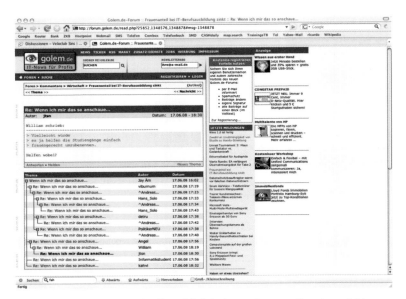

Webforen: Die Darstellung ist übersichtlich, kann aber vom Benutzer nicht beeinflusst werden. Bild: Das Forum des IT-Newsdienstes www.golem.de

se News-Beiträge im Browser lesen und beantworten.

Auf groups.google.com findet man die Einstiegsseite, hier kann man wie gewohnt in einem Suchfeld einen Begriff eingeben, und dann werden Diskussionsbeiträge angezeigt, in denen dieser Begriff vorkommt. Oder man kann auf verschiedene Arten nach einer Gruppe suchen.

Dies macht das Diskutieren für Gelegenheitsbenutzer einfacher, da man kein eigenes Programm installieren und konfigurieren muss. Auf Google Groups kann man die Beiträge lesen, aber um zu antworten, muss man sich – wie in den Usenet-Gruppen – anmelden.

Der Unterschied zwischen dem eigentlichen Usenet und einem Diskussionsforum im Web ist für den Benutzer klein. Bei guten

Newsreadern lässt sich die Darstellung nach den eigenen Bedürfnissen anpassen, sodass man die Diskussion mit den aufeinanderfolgenden Beiträgen besser verfolgen kann (siehe Bild auf Seite 65). Die Darstellung der Webforen wird hingegen durch den Anbieter festgelegt.

Chat und Messenger:
Die elektronische Expresspost
Eine andere Art von Kommunikationsforum stellen die Chat- und Messengerdienste dar. Chat ist eigentlich eine ziemlich alte Sache, sogar älter als das World Wide Web. Damals war es ein eigenständiger Dienst mit einem eigenen Programm: IRC, Internet Relay Chat, was auf Deutsch etwa heisst: übers Internet geführtes Gespräch. Ausgetauscht werden

konnten damit nur reine Textbotschaften.

IRC gibt es immer noch, aber
heute werden viele Chats im normalen HTML-Format geführt und
können mit dem normalen Browser verfolgt werden, dies wird als
Webchat bezeichnet. Und seit einiger Zeit wird Chat zudem durch
Messengerdienste, etwa von AOL
(AOL Instant Messenger) oder von
Microsoft (Messenger), konkurren-
ziert. Zudem sind die Möglichkeiten der verschiedenen Dienste
stark erweitert worden, sodass
heute damit auch Tondokumente
und Bilder übertragen werden können.

IRC, Webchat und Messenger: Die Unterschiede

■ IRC benötigt eine eigene Chat-
Software, einen sogenannten IRC-
Client, die Auswahl ist gross. Für
den Betrieb braucht es einen speziellen Chat-Server, diese Server
sind meist untereinander vernetzt.
■ Webchat wird über den Browser
abgewickelt. Diese Lösung wird in
der Regel für eine geschlossene
Gruppe einer Website verwendet,
in der Schweiz zum Beispiel für den
Chat der Zeitschrift K-Tipp: www.
k-tipp.ch ▶ Forum.
■ Messengerdienste verwenden
eine eigene Software. Beispiele
sind ICQ (www.icq.com), AIM von
AOL (www.aol.de ▶ AIM), Google
Talk (www.google.ch ▶ mehr ▶ und
noch mehr), Windows Live Messenger (get.live.com ▶ messenger), Yahoo Messenger (de.
messenger.yahoo.com) und Skype
(www.skype.de, siehe dazu auch
Seite 60).

Auf den Mac-Computern ist die
Software iChat integriert, damit
kann man mit anderen Mac-Be-
nutzern chatten, für den Austausch über Internet mit Personen

INFO: MESSENGER – NICHT NUR SPIELZEUG

Messengerprogramme wie dasjenige
von Microsoft sind – wie Chatpro-
gramme auch – nicht nur für gemütli-
ches Plaudern zu gebrauchen. Verschiedene zusätzliche Funktionalitäten machen etwa den Microsoft
Messenger zu einem echten und
durchaus sinnvollen Kommunika-
tionstool:
■ Konferenzen: In geschlossenen
Gruppen lassen sich damit Online-
Konferenzen führen. Und diese Funktionalität lässt sich sogar noch erweitern zu
■ Audio- und Videokonferenzen: Verfügen die Teilnehmer über die nötige
Hardware (Kamera, Mikrofon), so
lässt das Programm auch die direkte
Übertragung von Ton und Bild zu.
■ Dateiversand: Wie mit E-Mail lassen sich mit Messenger auch ange-
hängte Dateien versenden.
■ Internet-Telefonie: Da der Messenger auch Audio-Konferenzen erlaubt,
hat man auf diese Weise eine Sprach-
verbindung über Internet, was nichts
anderes ist als Telefonieren über
Internet.

Dies haben auch die Unternehmen
entdeckt: Messaging wird in den letzten Jahren zunehmend für professionelle Zwecke eingesetzt und ergän-
zend zu E-Mail für die Vernetzung der
Arbeitsplätze verwendet.

aus der Windows-Welt braucht es ein Konto bei einem anderen Messengerdienst wie AIM, ICQ oder Google Talk.

Mit welchem Programm Sie chatten wollen, hängt in erster Linie davon ab, womit dies Ihre bevorzugten Gesprächspartnerinnen und -partner tun. Denn die Dienste können untereinander nur beschränkt kommunizieren.

Allen Diensten ist gemeinsam, dass die Teilnehmerinnen und Teilnehmer anders als bei Mail und News-Gruppen in Echtzeit, also im Moment, miteinander in Kontakt sind. Das heisst, jemand schreibt eine Mitteilung, und sobald die gesendet ist, erscheint sie auf dem Schirm der anderen Teilnehmer. Und diese können auch gleich wieder antworten. Eine weitere Gemeinsamkeit ist die, dass Sie sich bei einem zentralen Server anmelden müssen, der jeweils «weiss», wann Sie mit Ihrem Computer online sind.

Die Konfiguration des Windows Live Messenger

Messengerdienste funktionieren grundsätzlich ähnlich wie Chats. Der Unterschied ist, dass Sie nur mit einer bestimmten Gruppe von anderen Nutzern kommunizieren, die Sie selber bestimmen können.

Dazu müssen Sie erst das richtige Programm haben und konfigurieren. Bei Windows Live Messenger geht dies so: Wenn das Programm noch nicht auf Ihrem Computer installiert ist, kann es hier gratis heruntergeladen werden: get.live.com ▶ messenger.

Starten Sie Messenger mit der Schaltfläche «Start» unten links. Beim ersten Mal öffnet sich ein Assistent, der Sie durch die Konfiguration führt. Für die Benutzung des Messengers müssen Sie ein Win-

---

INFO: NETIKETTE – REGELN FÜR DIE KOMMUNIKATION

Die sogenannte «Netikette» – ein Zusammenzug von Net und Etikette – ist eine Sammlung von Regeln, an die man sich als höfliche Benutzerin und höflicher Benutzer des Internets halten soll, wenn man mit anderen kommuniziert. Aber eigentlich sind es Selbstverständlichkeiten und Grundregeln des zwischenmenschlichen Anstandes, etwa:

■ Denken Sie immer daran, dass auf der anderen Seite ein Mensch ist, der Ihre Mitteilung liest.

■ Bei Mails und News: Zuerst lesen, dann denken, dann erst antworten. Bei heiklen Antworten überlegen Sie lieber zweimal, oder formulieren Sie die Antwort und lassen Sie sie dann eine Zeitlang liegen, bevor Sie sie abschicken.

■ Fassen Sie sich kurz!

■ Halten Sie sich an die Regeln der deutschen Sprache.

■ Vergessen Sie die Betreffzeile nicht.

■ Seien Sie zurückhaltend mit Humor und Sarkasmus – das wird meist nicht verstanden.

■ Benutzen Sie Ihren richtigen Namen, kein Pseudonym.

Weiteres zur Netikette finden Sie zum Beispiel hier:

www.chemie.fu-berlin.de ▶ Diverses ▶ Internet/WWW ▶ Netnews

dows Live-Konto eröffnen, wenn Sie noch keines haben. Dazu müssen Sie persönliche Angaben eintragen wie Name, Vorname, Sprache, Geschlecht, Geburtsdatum – wie ehrlich Sie dabei sein wollen, bleibt Ihnen überlassen.

Es ist sicher empfehlenswert, hier zurückhaltend zu sein. Und wie für das Diskutieren in einer News-Gruppe empfiehlt es sich auch hier, nicht die normale Mailadresse zu verwenden, sondern eine, die Sie nur für solche Zwecke nutzen und allenfalls auch wieder ändern können. Dann müssen Sie einen Benutzernamen und ein Passwort wählen, und damit ist das Programm konfiguriert.

Jetzt müssen Sie sich noch eine Kontaktliste erstellen. Mit «Einen Kontakt hinzufügen» öffnet sich ein Fenster, in dem Sie nach einer Person suchen und dieser einen kurzen Text schicken können. Die betreffende Person erhält dann eine Meldung, dass Sie sie in Ihre Liste aufgenommen haben. Jetzt kann der Adressat entscheiden, ob er den Kontakt mit Ihnen aufnehmen will. Stimmt er zu, können Sie gegenseitig Botschaften austauschen. Wenn Sie künftig den Messenger aufstarten, erscheinen diejenigen Teilnehmerinnen und Teilnehmer im entsprechenden Fenster, welche gleichzeitig mit Ihnen online sind.

Als Neuling schauen Sie sich bitte zuerst eine Zeitlang um
Die einfachste Möglichkeit, sich mit dem Chat vertraut zu machen, ist das Schnuppern in einem Web-

chat, denn da brauchen Sie kein Programm zu konfigurieren. Gehen Sie zum Beispiel auf die Chat-Seite des K-Tipps: www.k-tipp ▶ Forum. Hier können Sie die Diskussionsbeiträge lesen; um selber Beiträge zu verfassen, müssen Sie sich registrieren.

Machen Sie sich zuerst mit den Gepflogenheiten vertraut, bevor Sie zu schreiben beginnen, sehen Sie eine Zeitlang zu und suchen Sie sich den Chatraum, der Ihnen am meisten zusagt. Weitere Chats finden Sie etwa hier:

www.swisstalk.ch – nach eigenen Angaben die grösste Online-Community der Schweiz.

Oder bei www.chat.ch.

Wer mehr wissen will über Chats: Die Site www.webchat.de ist nach eigenen Angaben «das Verzeichnis deutschsprachiger Chats» und bietet viele Hintergrundinformationen.

Communitys
Der neue Trend heisst Web 2.0

Mit Musik hat es angefangen, heute gibt es im Internet unzählige Gemeinschaften, in denen Menschen alles tauschen, von geschriebenen Ferienerinnerungen über Bilder bis zu Kochrezepten. Diese von den Benutzern selbst gefüllten Sites werden von vielen als ein «neues Internet», als Web 2.0 betrachtet.

Wohl keine andere Entwicklung des Internets hat einen Bereich der realen Welt so verändert wie die Musiktauschbörsen. Und diese Entwicklung hat einen Ursprung, der MP3 heisst.

MP3 ist ein Standard zur Kompression von Daten (siehe Kasten unten), der ursprünglich für die Übertragung von Videodaten entwickelt wurde. Eine MP3-Datei ist bei ungefähr gleicher Qualität nur rund ein Zehntel so gross wie die gleiche Tondatei in einem unkomprimierten Format.

Mit der Verbreitung von Musik fing alles an

Damit wurde es möglich, digitalisierte Musikstücke über das Internet zu verbreiten. Nutzerinnen und Nutzer begannen, ihre CDs im MP3-Format auf dem Computer abzulegen und an Freundinnen und Freunde zu schicken. Ende der Neunzigerjahre entstanden dann weltweite Tauschbörsen, aus de-

---

INFO: KOMPRESSION UND MP3

Kompression ist eine Möglichkeit, Dateien kleiner, leichter zu machen. Solche Techniken wurden bereits vor der Verbreitung des Internets entwickelt, damals noch wegen des beschränkten Speicherplatzes auf Disketten und eingebauten Laufwerken.

In den Anfangszeiten des Internets waren es dann die langsamen Leitungen, welche möglichst kleine Dateien erforderlich machten. Heute sind die Netzwerke so leistungsfähig, dass auch grössere Datenmengen rasch übertragen werden. Allerdings steigt der Kapazitätsbedarf ständig, so beansprucht ein unkomprimiertes Musikstück rund 30 bis 40 MByte. Und noch viel mehr brauchen Filme: Ein unkomprimiertes Videosignal beansprucht rund 1,7 GByte – pro Minute. Ein stündiger Videofilm füllt somit eine 100-GByte-Festplatte.

Kompressionsverfahren reduzieren diese Datenmengen massiv. Sie arbeiten mit verschiedenen «Tricks». Bei der Kompression von Tondokumenten, zum Beispiel mit dem MP3-Verfahren, werden diejenigen Töne herausgefiltert, die das menschliche Ohr gar nicht hört – sei es, weil sie ausserhalb des menschlichen Hörbereichs liegen oder weil sie durch andere Geräusche überdeckt werden.

Bei der Kompression von Bild- und Videodateien lassen sich Informationen einsparen, indem man nicht die einzelnen Bildpunkte, sondern die Abweichungen vom einen zum anderen beschreibt. So besteht ein Bild mit viel Himmel vor allem aus Blau, und es genügt, Grösse und Tonwert dieser blauen Fläche zu beschreiben.

Allerdings gehen bei bestimmten Kompressionsverfahren Informationen verloren. Das heisst, die Qualität wird schlechter, dies wird vor allem dann sichtbar, wenn eine Datei mehrmals komprimiert wird.

nen Tausende von Musikstücken ohne Bezahlung heruntergeladen werden konnten. Diese funktionieren nach dem sogenannten «Peer-to-Peer-Prinzip»:

Mit einer speziellen Software werden viele Computer zu einem Netz verbunden, die alle gewissermassen gleichberechtigt sind; peer heisst auf Deutsch gleichrangig. Startet ein Benutzer diese Software, nimmt sein Computer Verbindung mit den anderen Computern auf und ermöglicht ihm, dort gezielt nach Musikstücken zu suchen. Als Ergebnis findet er dann in der Regel mehrere Versionen des gesuchten Titels, verstreut auf Computern auf der ganzen Welt. Die Musikstücke, welche dieser Benutzer selber auf seinem Computer gespeichert hat, stehen auf dieselbe Art allen danach Suchenden ebenfalls zur Verfügung, wenn er dies will und so eingestellt hat.

Dann lässt sich dieses Stück auf den eigenen Computer laden und anschliessend abspielen, auf CD brennen oder auf einen tragbaren MP3-Spieler übertragen. Alles, ohne dass man dafür einen Rappen bezahlen müsste.

Es versteht sich von selbst, dass die Musikindustrie darüber nicht begeistert war: 2003 klagten die grossen Musikfirmen EMI und Universal Music zusammen mit einer Gruppe von Musikproduzenten den deutschen Verlag Bertelsmann ein, der die erste dieser Tauschbörsen, Napster, übernommen, allerdings damals bereits eingestellt hatte. Die Summe, die

sie verlangten, belief sich auf nicht weniger als 17 Milliarden Dollar, da Bertelsmann ihrer Meinung nach mit technischem Know-how und Investitionen Napster eine Zeitlang in Betrieb gehalten und damit den illegalen Tausch von Musik gefördert hatte.

Die Musikindustrie klagt, die Tüftler ändern das System
Doch alle Anstrengungen der Musikindustrie nützten wenig, denn bereits waren verschiedene andere Tauschbörsen da – und die cleveren Tüftler wandelten das System in einem wesentlichen Punkt ab: Während Napster noch einen zentralen Datenbank-Server verwendet hatte, war dies bei den Nachfolge-Systemen nicht mehr der Fall. Das Client-Programm sucht selbständig im ganzen Netz nach anderen Computern, welche dasselbe Programm laufen haben

und online sind, und stellt dem Ab-
frager eine Liste derjenigen Computer zur Verfügung, die das gesuchte Stück auf der Festplatte liegen haben.

Natürlich hatte die Musikindustrie auch daran keine Freude, aber
da diese Netze kein eigentliches
Zentrum mehr hatten, war es
schwierig, jemanden zu verklagen.
Nachdem sie zuerst versuchte,
einzelne Benutzer solcher Musiktauschbörsen einzuklagen, wech-
selte die Industrie später die Stra-
tegie und begann damit, Musikstücke gegen Bezahlung zum
Download anzubieten.

**Die Industrie musste sich
nach und nach anpassen**
Zuerst bauten die grossen Vertrei-
ber wie Sony BMG, Universal, EMI

oder Warner Music ihre eigenen
Plattformen auf, über die man nur
Stücke und Alben dieser Gesellschaften kaufen konnte. Seit einigen Jahren kommen aber immer
mehr Sites ins Netz, die Musik verschiedener Gesellschaften anbieten. Zuerst waren die Stücke ko-
piergeschützt, sodass sie sich
nicht beliebig verbreiten liessen.
Später aber fiel auch diese Sperre
bei immer mehr Anbietern und
Stücken weg, da sich gezeigt hat,
dass die Benutzer dies nicht
goutieren – und sogar mehr kaufen, wenn die Stücke nicht geschützt sind.

Wegbereiter für den bezahlten
Musik-Download war der Musik-
laden des Computerherstellers
Apple, gestartet 2003. Das Besondere daran ist, dass der Laden

Macht den Computer zur Musikbox: Das Programm iTunes erlaubt die einfache
Verwaltung der Stücke und bringt die direkte Verbindung zum Shop

direkt in die Musiksoftware iTunes integriert ist, die auf jedem neuen Apple-Computer bereits installiert ist und für Windows-Computer gratis heruntergeladen werden kann (www.apple.ch ▶ Downloads). Im Programm, das das Überspielen von CDs auf den Computer, das Abspielen von Musik und die einfache Verwaltung der Stücke erlaubt, ist ein Menüpunkt integriert, der einen direkt zum Laden führt, aus dem Musik für einen bis zwei Franken pro Stück heruntergeladen und ins Programm aufgenommen werden kann. Zwar sorgt eine Kopiersperre dafür, dass dies nicht unbeschränkt möglich ist, aber für Privatnutzer sind die Beschränkungen nicht hinderlich.

Ein weiterer Durchbruch war es, als Bands damit begannen, ihre eigenen Stücke gratis im Web zum Download anzubieten – zuerst waren es neue, unbekannte, die so überhaupt erst eine Möglichkeit bekamen, ihre Musik unter die Leute zu bringen. Später folgten auch die etablierten, und einige versuchten es mit völlig neuen Ansätzen, mit manchmal überraschenden Resultaten:

2007 veröffentlichte die britische Rockband Radiohead ein neues Album auf ihrer Website und überliess es den Benützern, selber zu entscheiden, wie viel sie dafür zahlen wollten. Und das Album wurde angeblich eine Million Mal von dort heruntergeladen, aber noch viel öfter über andere, inoffizielle Kanäle und Musikbörsen. Dennoch dürfte sich die Aktion für Radiohead gelohnt haben, denn

als ein paar Monate später die CD auf den Markt kam, schaffte sie es in Grossbritannien und den USA auf Anhieb auf den ersten Platz in den Charts.

Heute ist jede Art von Musik im Internet zu finden

Heute ist Musik gratis oder gegen Bezahlung über die verschiedensten Quellen im Internet erhältlich. Bei Napster (www.napster.de) – mit einem neuen Geschäftsmodell wieder zurück – stehen 8 Millionen Stücke zum Preis von 99 Cent pro Stück, rund 1 Franken 60, zum Download zur Verfügung; mit einer Flatrate, also einer Pauschale, können sie nach Belieben heruntergeladen oder unbegrenzt oft über das Internet angehört werden. Ein anderer Downloaddienst ist Last.fm (www.lastfm.de, siehe Kasten auf Seite 65). Ex Libris, der Buch- und CD-Händler der Migros (www.exlibris.ch), verkauft die Alben online zu ähnlichen Preisen wie iTunes. In Deutschland hat die Telekom mit www.musicload.de einen eigenen Musik-Onlineshop aufgebaut.

Gratis gibt es Musik zum Beispiel bei www.deezer.com, da dies aber eigentlich ein Internet-Radiodienst ist, braucht man dafür eine zusätzliche Software (siehe Kasten «Radiosendungen aufnehmen» auf Seite 62), um sie auf dem eigenen Computer zu speichern.

Weitere Sites, auf denen man Musik anhören und downloaden kann, sind etwa www.mx3.ch, oder www.sideload.com. Und wer Zugang zur grössten virtuellen

Musiksammlung will, kann ganz einfach über Google gehen: Die Suche nach «like a rolling stone» und der Endung .mp3 bringt tausende von Seiten, auf denen man dieses Stück kostenpflichtig oder gratis zum Anhören oder Herunterladen findet.

Was Sie an Software brauchen, um Musik zu hören

Da das Abspielen von Tondateien aus dem Internet – und dies betrifft nicht nur Musik, sondern auch Sprachdateien wie Radionachrichten – heute zu den weitverbreiteten Anwendungen gehört, sind Programme dafür bei neuen Computern meist gleich eingebaut. Doch ist damit keineswegs gesagt, dass Sie Ihr Lieblingsstück auch wirklich problemlos auf dem Computer anhören können, denn die verschiedenen Formate sind nicht alle untereinander kompatibel.

Allerdings wird auf einer Site, welche Tondokumente zur Verfügung stellt, meist auch gleich das passende Programm angeboten. Das heisst: Wird ein Ton- oder Videodokument zum Download angeboten, ist auf derselben Seite meist auch gleich ein Link vorhanden, der zum entsprechenden Programm führt. Dieses kann heruntergeladen und installiert werden, wenn es noch nicht auf dem Computer vorhanden ist.

Das meistverbreitete Programm für Streaming (siehe Kasten auf Seite 63) ist der Windows Media Player von Microsoft, der bei Computern mit Windows-Betriebssystem bereits installiert, aber auch für andere Betriebssysteme erhältlich ist (www.microsoft.ch ▶ Downloads und Testversionen ▶ Windows Media Downloads). Mac-Benutzer haben mit dem Betriebssystem OS X das Programm iTunes bereits auf dem Computer, das aber auch in einer Version für Windows-Benützer erhältlich ist (www.apple.ch ▶ Downloads). Eine Alternative ist der Real-Player (www.real.com). Praktischerweise kann dieser Player sowohl Ton- wie Videodateien abspielen.

Daneben gibt es zahlreiche andere Software, die Sie zum Herunterladen, Abspielen, Verwalten oder Bearbeiten von MP3-Dateien benutzen können, eine Übersicht finden Sie hier: www.mpex.net/software.

Neben MP3 gibt es noch das sozusagen «normale» und unkomprimierte Format WAV, welches allerdings für die Verwendung im Internet ungeeignet ist, da ein so digitalisiertes Musikstück rund zehnmal so schwer ist wie dasselbe im MP3-Format. WAV eignet sich eher zum Digitalisieren von Schallplatten, die anschliessend auf CD gebrannt werden. Der Vorteil: Das Format ist verlustfrei, das heisst, die Kopie ist identisch mit dem Original.

Selbstverständlich geworden: Keine Site mehr ohne Bilder

Lange vorbei sind die Zeiten, als die Integration von Bildern im Internet noch exotisch war und den Anwendern wegen der Downloadzeit Sorgen bereitete. Heute

Bildauflösung: 300 dpi

Bildauflösung: 72 dpi

Bild ist nicht gleich Bild – das gilt zumindest im Internet: Bilder, die fürs Web geeignet sind, müssen in einem bestimmten Format abgespeichert werden, zudem müssen sie so leicht wie möglich sein.

Die gängigsten Formate sind Gif (Dateiendung .gif), PNG (.png) und JPEG (.jpeg oder .jpg). Gif und PNG eignen sich eher für flächige Bilder wie Grafiken oder Logos, JPEG eher für Fotos mit vielen Farbnuancen. Die Auflösung der Bilder sollte 72 dpi (dots per inch) betragen, das sind 72 Bildpunkte auf rund 2,5 Zentimetern. 72 dpi ist eine übliche Bildschirmauflösung, allerdings kann sie auf vielen Monitoren verändert werden, sodass man keine Kontrolle über die endgültige Grösse des Bildes hat.

Die Grösse des Bildes soll ungefähr jener entsprechen, in der das Bild im Web erscheinen soll. Ein Foto in der Druckauflösung von 200 oder gar 300 dpi kann zwar im Web dargestellt werden, ist dann aber so gross, dass es wahrscheinlich mehr als den ganzen Bildschirm ausfüllt. Der Grund: Ist die Bildschirmauflösung ange-

nommen auf 72 dpi eingestellt, so wird bei einem Bild mit 300 dpi jeder Bildpunkt so dargestellt, dass eben 72 davon auf einen Inch kommen. Das heisst, das Bild wird um rund das Vierfache vergrössert.

Aus diesem Grund eignen sich Bilder, die fürs Web richtig sind, nicht für den Ausdruck. Bereits auf einem billigen Drucker sind die Pixel deutlich zu sehen, ganz zu schweigen vom richtigen Druck. Bilder, die für diesen Zweck bereitgestellt werden, müssen deshalb unbedingt in der höheren Druckauflösung gespeichert werden, das Vorschaubild hingegen in der Bildschirmauflösung.

Beispiele findet man auf der Site Wikipedia (www.wikipedia.org), wo viele Bilder auf dem Monitor in einer Voransicht-Grösse dargestellt werden, und zusätzlich kann noch eine Version in höherer Auflösung auf den Bildschirm geholt oder heruntergeladen werden.

gibt es kaum eine Website mehr, die ohne Bilder auskommt, und da der normale Webbrowser die Bilder darstellt, braucht man auch keinerlei zusätzliche Software.

Zu beachten sind hier allenfalls das Format und die richtige Auflösung, wenn man selber Bilder für das Web aufbereitet oder Bilder für die eigene Verwendung herunterladen will (siehe Kasten Bilder im Web auf Seite 77).

Die Bildersuche ist bei Google am einfachsten

Bilder im Web zu finden, ist sehr einfach, da die Suchmaschinen nicht nur die Suche nach Text, sondern auch nach Bildern erlauben. Bei www.google.ch bringt die Suche nach Bildern mit dem Stichwort Sonnenblume beispielsweise weit über 100 000 Fundstellen. Die Bilder werden in einer Übersicht angezeigt, und die Bildgrösse ist darunter notiert. Wer Bilder etwa für den Ausdruck auf Papier sucht, kann gezielt nach verschiedenen Bildgrössen suchen. Damit findet man auch Sonnenblumen, die man sich in Postergrösse und guter Qualität an die Wand hängen kann. Für die Verwendung gilt die Faustregel: Je mehr Pixel und je mehr KByte ein Bild hat, desto besser die Qualität. Haben zwei Bilder in etwa die gleiche Pixelgrösse, aber eine deutlich unterschiedliche Zahl von KByte, kann dies daran liegen, dass sie in unterschiedlicher Qualität abgespeichert wurden.

Zu beachten ist, dass Bilder urheberrechtlich geschützt sein kön-

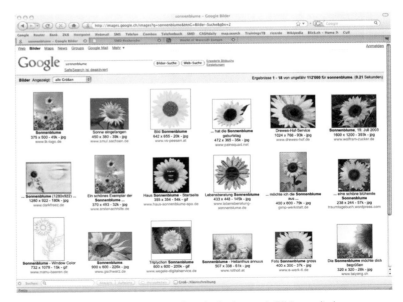

Bilder suchen leicht gemacht: Die Google-Suche nach Bildern mit dem Stichwort «Sonnenblumen» bringt weit über 100 000 Resultate

nen. Wer ein Foto zum Aufhängen zu Hause an der Wand vom Internet holt oder damit an seine besten Freunde eine Grusskarte verschickt, muss sich da kaum Sorgen machen, aber bei der Verwendung etwa für einen Einladungsflyer für eine kommerzielle Veranstaltung muss man die Rechte schon abklären.

Und man muss sich bewusst sein, dass ein im Web weiterverwendetes Bild auch für die rechtmässigen «Besitzer» sichtbar ist: Die Zeitung «20 Minuten» berichtetete 2008, dass die renommierte Bildagentur Getty Images einen jungen Mann wegen solcher Urheberrechtsverletzungen auf Zahlung von 17 000 Franken verklagt hätte. Der Mann hatte angeblich als Hobby Websites für Freunde gestaltet und über Google Bilder dafür gesucht, diese auf Briefmarkengrösse verkleinert und in die Sites eingebaut.

Allerdings gibt es auch gute Quellen für kostenlose oder sehr billige Bilder: Visipix bietet eine grosse Zahl von Bildern in hoher Auflösung zur freien Verwendung an unter www.visipix. com. Auch www.wikipedia.org stellt Bilder gratis und copyrightfrei zur Verfügung, und das Fotoportal Flickr (siehe den Absatz «Das virtuelle Fotoalbum im Internet» auf Seite 80) ermöglicht die gezielte Suche nach copyrightfreien Bildern zur Weiterverwendung. Wer ein wenig Geld ausgeben will, findet bei www.fotolia.com vier Millionen Fotos zum Preis ab nur gerade ein paar Euro pro Bild.

Für das Arbeiten mit Bildern braucht man richtige Software

Um die Qualität eines Bilds zuverlässig beurteilen zu können, muss man es mit einem Bildbearbeitungs-Programm anschauen. Ein Bild, das in einer zu tiefen Auflösung (in Bildschirmauflösung) vorliegt, kann dort durch Verkleinern so verändert werden, dass die Qualität für den Druck mit einem Laserdrucker genügt.

Programme zur Bildbearbeitung gibt es heute unzählige und in allen Preislagen. Marktführer im Profi-Bereich ist Photoshop von Adobe (www.adobe.ch), welches kaum Wünsche offen lässt. Allerdings kostet die Software rund 1500 Franken. Günstiger fährt man mit der abgemagerten Version Photoshop Elements für rund 150 Franken.

Unter der freien GNU-Lizenz gibt es die Gratis-Software Gimp. Sie ist unter www.gimp.org für Windows und Mac zu finden.

Wer eine Digitalkamera kauft, bekommt oft eine Bildbearbeitungs-Software mitgeliefert, welche für viele Ansprüche völlig genügt. Oder suchen Sie nach Shareware und Freeware unter www. shareware.de ▶ Grafik & Design ▶ Bildbearbeitung oder bei www. freeware.de ▶ Grafik ▶ Grafik- & Fotosoftware ▶ Bildbearbeitung. Tests und Beschreibungen vieler kommerzieller Programme finden Sie hier: www. chip.de ▶ Software ▶ Foto & Video.

Eine recht praktische Verwendungsmöglichkeit des Internets ist der Versand von Fotos ans Fotolabor, um Papierbilder machen zu lassen. Seitdem Digitalkameras mit genügend guter Auflösung zu erschwinglichen Preisen erhältlich sind, haben sie sich rasant auf dem Markt durchgesetzt. Allerdings ist das Ausdrucken der Fotos auf dem eigenen Farbdrucker teuer – nicht wegen dem Drucker selber, sondern wegen der Tintenpatronen und dem Papier. Deshalb ist zu empfehlen, die Fotos ganz normal zum Entwickeln zu bringen, oder besser gesagt: ins Labor zu geben, wo aus den digitalen Daten konventionelle Papierabzüge gemacht werden.

Die Fotolabors nehmen Datenträger aus den Kameras selber oder CD-ROMs (eventuell gegen Aufpreis) mit den Fotos entgegen – aber bequemer ist es, die Bilder übers Internet zu schicken. Die meisten Entwicklungsdienste bieten dazu die Möglichkeit, und je nach Verarbeiter ist der Versand mehr oder weniger einfach.

Labors wie Ifolor (www.ifolor. ch), Migros (www.migros.ch ▶ Services ▶ Photo Service), Coop (www.coop.ch ▶ Online Shops ▶ Fotoservice) oder Fotopick (www.fotopick.ch) bieten die Möglichkeit an, digitale Fotos über das Internet zur Verarbeitung zu schicken und in den verschiedensten Grössen auf Papier ausbelichten und sich per Post zuschicken zu lassen. Die Übermittlung zum Labor ist entweder über eine Maske im Browser oder mittels einer speziellen Software möglich, die man sich zuerst auf den eigenen Computer laden muss. Deren Vorteil ist es, dass man die Zusammenstellung der Bilder erledigen kann, ohne mit dem Internet verbunden zu sein, ausserdem ist die Bedienung komfortabler als mittels Browser. Allerdings sind diese Programme meist nur für Windows verwendbar.

Auf www.migros.ch ▶ Services ▶ Photo Service ▶ Infocenter finden sich weitere nützliche Hinweise für den Umgang mit Fotos.

Eine besonders attraktive Möglichkeit, Fotos auf Papier zu präsentieren, sind Fotobücher. Die meisten Fotolabors bieten heute auch diese Variante an. Dabei werden die Bilder nicht einfach als einzelne lose Kopien geliefert, sondern als richtiges, je nach Preis und Qualität sogar edel in Leinen gebundenes Album. Die Bücher sind in verschiedenen Formaten und Ausstattungen erhältlich und können mehr oder weniger individuell gestaltet werden.

Das virtuelle Fotoalbum im Internet: Flickr

Das Internet wäre nicht das Internet, wenn es nicht auch die Möglichkeit gäbe, Fotos anstatt in einem papierenen Album gleich hier zu präsentieren. Die grösste solche Community (siehe Kasten Web 2.0 und Communitys auf Sei-

Das Fotoalbum im Internet: Auf Flickr kann man Fotos speichern, bearbeiten, selber anschauen und Freunden oder der ganzen Welt präsentieren

te 84) ist Flickr (www.flickr.com), sie gehört zu Yahoo.

Diese Site ist im Prinzip nichts anderes als ein gigantisches virtuelles und öffentliches Fotoalbum. Hier kann man Fotos vom Computer oder vom Handy hinaufladen, rudimentär bearbeiten, in verschiedenen Alben organisieren, Freunden oder der ganzen Welt zum Anschauen oder zum Herunterladen zur Verfügung stellen, kommentieren, per E-Mail oder über Handys verschicken oder in andere Webseiten einbinden. Und schliesslich kann man Flickr auch schlicht und einfach als sein persönliches Fotoalbum nutzen, das man von überall auf der Welt anschauen kann und von dem man nie eine Sicherheitskopie machen muss.

Die Site hat nach eigenen Angaben rund 5000 Uploads pro Minute und meldete im Oktober 2009, gut sieben Jahre nach der Gründung, dass bereits vier Milliarden Bilder hier abgelegt worden seien. Sie – oder zumindest viele davon – werden auch tatsächlich angesehen: Flickr hat nach eigenen Angaben sieben Millionen registrierte Nutzer und gehört zu den bestbesuchten Sites des Internets.

**Auf Flickr gibts alles –
vom Knips bis zum Kunstwerk**
Zu finden sind schlichte Ferienschnappschnüsse genauso wie künstlerische Werke. Und die Plattform hat auch schon einigen Leuten zu Weltberühmtheit verholfen, die es ohne Internet wohl nie

81

geschafft hätten. So zum Beispiel die dreissigjährige Isländerin Rebekka Gudleifsdottir, die ihre Selbstporträts auf Flickr veröffentlichte, daraufhin von Toyota für eine Kampagne verpflichtet und 2006 von der Zeitung «Wall Street Journal» als «Web's Top Photographer» ausgezeichnet wurde.

Wer in der unendlichen Welt von Flickr nach bestimmten Bildern sucht oder will, dass die eigenen Bilder möglichst oft gefunden und angeschaut werden, benutzt mit Vorteil die Funktion der Gruppen: Die Bilder können ausser in den eigenen Alben auch in solchen thematischen Gruppen veröffentlicht werden, die wiederum von Leuten besucht werden, die sich für dieses Thema interessieren.

Eine interessante Funktion sind die Geotags, Markierungen, die den Ort der Aufnahme angeben. Damit lässt sich auf einer Weltkarte ein Ort auswählen, und die dort geschossenen Fotos erlauben einen virtuellen Besuch.

Und schliesslich erlaubt Flickr auch die direkte Kommunikation mit anderen registrierten Benutzern: Man kann sich gegenseitig über neu hinaufgeladene Bilder informieren, sie kommentieren, sich austauschen oder auch neue Freundinnen und Freunde mit ähnlichen Interessen finden und allgemeine Kontakte pflegen.

Die virtuelle Videosammlung im Internet: Youtube

Bilder gehören seit der Entwicklung des World Wide Web Anfang der Neunzigerjahre fest zum Internet. Um aber auch ganze Filmsequenzen zu übertragen, brauchte es die Entwicklung von leistungsfähigen Kompressionsverfahren wie MPEG und schnellere Leitungen. Heute ist das Herunterladen und Umherschicken von kleinen und grösseren Filmchen selbstverständlich geworden.

Fast schon Synonym für Filme im Internet ist die Site Youtube (www.youtube.com), ein 2005 eröffnetes Portal für das Hoch- und Herunterladen von Videos, das 2006 von Google übernommen wurde. Laut dem Internetdienst Alexa ist Youtube die am viertmeisten besuchte Site hinter Google, Yahoo und Facebook. Im Oktober 2009 schrieb CEO Chad Hurley in einem Blog, dass auf Youtube täglich weit über eine Milliarde Videos angeschaut würden. Es verwundert also nicht, dass Youtube 2007 schätzungsweise zehn Prozent des gesamten Datenverkehrs im Internet generierte.

Die Site enthält Filme und Fernsehbeiträge oder Ausschnitte davon, kommerzielle Musikvideos und selbstgedrehte Filme. Deren Spannweite reicht von Anleitungen zum Gitarrenspielen über mehr oder weniger ernstgemeinte Beiträge über Schweizer Volksabstimmungen und Reiseberichte bis zum Film über ein Formel-1-Rennen – kurz: Filmchen über alles Mögliche sind dort anzuschauen. Sogar das Schweizer Fernsehen stellt Beiträge auf Youtube, um sie einem breiteren Publikum als bei der erstmaligen Ausstrahlung zugänglich zu machen.

Alles, was Film ist: Auf Youtube sind neben Privatvideos auch TV-Beiträge wie etwa vom Schweizer Kassensturz zu finden

Nicht unproblematisch ist, dass hier auch Videos mit anstössigem Inhalt zu finden sind, obwohl dies laut Nutzungsbedingungen nicht erlaubt ist. Zwar werden Sex-Videos meist rasch gelöscht, aber Filmchen über Adolf Hitler zum Beispiel sind einige zu finden. Heikel ist auch, dass einige der hinaufgeladenen Filme urheberrechtlich geschützt sind. Aus diesen Gründen ist es bereits mehrmals zu Gerichtsklagen gegen Youtube gekommen.

Vermehrt wird Youtube auch für Marketing-Aktionen benutzt. Unbekannte Musikgruppen zum Beispiel drehen ein Video von sich, laden es hoch und hoffen, dass es von möglichst vielen Benutzern angeschaut wird und sie damit irgendwann bekannt und berühmt werden. Doch auch für politische Zwecke wird Youtube eingesetzt, so erschien einmal ein Video über den ehemaligen US-Präsidentschaftskandidaten Al Gore, das seinen Einsatz für den Klimaschutz kritisch beleuchtete – später wurde bekannt, dass die Agentur, welche diesen Film produziert hatte, Beziehungen zu Ölkonzernen und Autoherstellern hatte.

Nicht alles, was auf Youtube zu finden ist, ist echt

Und schliesslich sind hier auch Filme von mehr oder weniger harmlosem Unfug zu sehen. So etwa von Motorradfahrten mit bis zu 300 Stundenkilometern auf der Autobahn oder gar auf Bergstrassen – wenn dies wirklich wahr ist. Denn es ist meist schwierig bis un-

Fortsetzung auf Seite 86

Das Web 2.0, also Websites, deren Inhalt zum grössten Teil von den Benutzern selber bestritten wird, erlebt einen Boom. Der Grund ist einfach: Die Möglichkeit, sich und seine Vorlieben oder seine Meinung der Welt zu präsentieren, ist für viele sehr verlockend. Deshalb sind in kürzester Zeit eine Unzahl der verschiedensten Communitys entstanden.

Etwas abgeebbt hat der Hype um Second Life (http://de.secondlife.com). Diese Site soll nach dem Willen ihrer Konstrukteure eine Art Parallelwelt sein, die ein «zweites Leben» (deutsch für Second Life) ermöglicht. Anders als bei anderen Communitys gibt es hier nicht einfach nur die Möglichkeit, sich in Wort und Bild vorzustellen. Man «bewegt» sich wie bei einem Computerspiel in einer animierten Szenerie und «ist» auch selber eine animierte künstliche Spielfigur.

Second Life ist somit eine Mischung zwischen sozialem Netzwerk und gigantischem Computerspiel, das allerdings auch einen Bezug zur Realität haben soll. So gibt es hier eine eigene virtuelle Währung, die so genannten «Linden-Dollars» (Linden ist der Name des Unternehmens, das die Site entwickelt hat und betreibt), die in echte Dollars umgetauscht werden können.

Andere Communitys, die ähnlich funktionieren und aufgebaut sind wie Myspace und Facebook richten sich speziell an bestimmte Personengruppen, hier ein paar Beispiele:

Business Communitys: Einige Communitys dienen nicht dazu, Freunde zu finden, sondern in erster Linie Geschäftskontakte und -netzwerke zu knüpfen. Dort lässt sich gezielt nach Personen suchen, die in einer interessanten Branche oder Tätigkeit arbeiten, und in Fachgruppen diskutieren und Experten Fragen stellen. Beispiele sind www.xing.com, www.linkedin.com und www.viadeo.com. www.studivz.net ist ein Pendant für Studierende.

www.lovepeace.ch ist «die erste Partner- und Community-Plattform für eine rundum bessere Welt», initiiert von der Umweltorganisation Greenpeace. Sie ist eine klassische Community für vorwiegend jüngere Menschen, die sich auch für die Umwelt engagieren wollen. Weitere Communitys für Umweltbewusste sind etwa www.utopia.de (für umweltbewussten Konsum, mit einem Produktführer für nachhaltig hergestellte Kosmetika, Lebensmittel und Konsumgüter), www.armedangels.de (ein «Social Fashion Portal», also ein Portal für Leute, die Mode- und Umweltbewusstsein unter einen Hut bringen wollen. Philosophie: Wir wollen vor den Missständen in der Textilindustrie nicht länger die Augen verschliessen) oder www.adventureecology.com (englisch, will vor allem Junge für Umweltprobleme sensibilisieren).

Eine spezielle Community für Kinder hat Ende 2009 die Zeitschrift «Spick» aufgeschaltet. Hier soll die Sicherheit für die Benutzer gross geschrieben werden, deshalb wurde sie in Zusammenarbeit mit der Schweizer Kriminalprävention SPK entwickelt, und es gibt viele Informationen und Tipps zum Thema Sicherheit. Zudem ist die Zustimmung der Eltern per Mail erforderlich, wenn ein Kind hier ein Profil anlegen will.

www.duimtram7.ch will denjenigen, die es nicht geschafft haben, im Tram oder Zug das Gegenüber anzusprechen, die Möglichkeit geben, dies nachträglich zu tun.

INFO: WEB 2.0 UND COMMUNITYS

www.klassenfreunde.ch soll ehemalige Schulklassen und -kameraden zu-
sammenbringen, www.militaerfreun-
de.ch alte Dienstkameraden.

Reisecommunitys:

www.tripbook.ch ist eine 2008 vom
TCS eröffnete Community. Reichhal-
tig sind die Angebote von deutschen
Sites wie
www.tripsbytips.de,
www.geo-reisecommunity.de oder
www.holidaycheck.de
(mit vielen Hotelbewertungen).
Auf www.schiffsbewertungen.de
kann man sich über Erfahrungen
mit Schiffen und Kreuzfahrten
informieren.

Englische Sites:

www.travelistic.com oder
www.lonelyplanet.com
(für Rucksacktouristen).
Zwei Communitys im Stil von Wikipedia sind www.wikivoyage.org und
http://wikitravel.org.

Auto-Communitys:

www.exclusivcars.ch
www.carsablanca.de
www.motoraver.de
www.motor-talk.de

Auf www.langzeittest.de und
www.autoplenum.de
berichten Private über ihre Erfahrungen mit Autos.

Koch-Communitys:

www.gutekueche.ch
www.chefkoch.de
www.bongusto.de

Communitys für ältere Menschen –
wobei der Begriff «älter» weit gefasst
sein kann – gibt es vor allem in den
USA. Beispiele:
www.eons.com
www.rezoom.com
www.boomj.com
In der Schweiz ist das Seniorweb
(www.seniorweb.ch) eine echte Community mit breitem Angebot an Infor-
mations-, Kontakt- und Diskussions-
möglichkeiten. Es wird getragen von
der gleichnamigen Stiftung und betrieben von Freiwilligen, meist selber
im Pensionsalter.
Ein deutsches Pendant ist
www.platinnetz.de.
Portale wie
www.senioren.ch,
www.fifty-plus.ch
sind mehr kommerziell orientiert.

Auch ältere Menschen bewegen sich zunehmend im Internet.
Das Seniorweb ist eine speziell für sie gedachte Community

Fortsetzung von Seite 83

möglich zu beurteilen, wie echt die Informationen in den Youtube-Filmen sind, denn wie bei vielen Informationen im Internet machen sich auch hier Leute einen Sport draus, Fälschungen zu verbreiten.

Andere Videoportale sind etwa www.myvideo.ch und www.clipfish.de. Eine Site mit Videos zum Herunterladen aufs Handy ist www.pocketclip.de.

Weltweite Marktplätze des Internetzeitalters

Communitys, deutsch Gemeinschaften, sind gewissermassen virtuelle Marktplätze oder auch geschlossene Clubs, in denen sich Menschen treffen, um miteinander zu kommunizieren, etwas auszutauschen. Das können bestimmte «Dinge» sein wie Fotos (Flickr), Videos (Youtube, beide siehe weiter oben), die Sites können auch einfach dazu dienen, Freundschaften zu schliessen und zu pflegen (Myspace und Facebook, siehe weiter unten), das können Zirkel sein, in denen man gemeinsame Interessen pflegt (siehe Seite 84), auch das Online-Lexikon Wikipedia (siehe den Absatz auf Seite 90) oder Tauschbörsen wie Ebay oder Ricardo (siehe Seite 100) können zu den Communitys gezählt werden.

Communitys haben sich in den letzten Jahren im Internet massiv verbreitet. Mit der Verbesserung der technischen Möglichkeiten, Daten hin und her zu schicken, mit der Verbreitung des Internets an sich und mit den schnellen Daten-verbindungen ist es möglich geworden, dass die Kommunikation viel schneller in beiden Richtungen läuft als in den Anfangszeiten des Webs, als dies vor allem eine Einbahnstrasse war, auf der man sich statische Informationen auf den eigenen Bildschirm holte.

Heute wird ein grosser Teil des WWW-Inhalts von den Benutzern selber erzeugt, der englische Fachbegriff dafür heisst «User generated Content», und diese neue Entwicklung wird von vielen Fachleuten für so bedeutend gehalten, dass dafür der Begriff «Web 2.0» geprägt wurde – 2.0 ist bei Computerprogrammen die Bezeichnung für eine zweite, neue Version mit vielen zusätzlichen Funktionen und Verbesserungen.

Eigentlich gar nichts wirklich Neues: Web 2.0

Web 2.0 ist allerdings weder ein technisch noch inhaltlich neues WWW, sondern bezeichnet die zahllosen Sites, die die Nutzer selber mitgestalten, eben mit Inhalten füllen können. Davon gibt es bereits unzählige. Sehr erfolgreich sind neben den bereits beschriebenen Foto- und Video-Communitys Flickr und Youtube die beiden sozialen Netzwerke Myspace und Facebook. Auch hier ist die Idee sehr simpel: Man registriert sich, und dann kann man mit Freunden kommunizieren.

Soziale Netzwerke werden sie deshalb genannt, weil sie in erster Linie der Knüpfung und Pflege von Kontakten dienen, obwohl man auch bei Myspace und Facebook

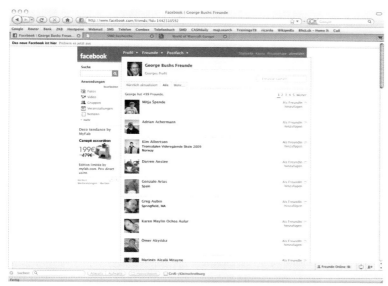

Freunde finden – was immer dies heisst: Auf Facebook ist nicht nur das Profil des US-Präsidenten zu sehen, sondern auch, wer seine «Freunde» sind

Fotos oder Videos zeigen, ansehen und tauschen kann. Man präsentiert sich, wenn man will, mit Fotos und mit Beschreibungen von sich selber, seinen Hobbys, Vorlieben, seinen Ferienplänen – was immer man will. Und dann kann man die ganze Welt daran teilhaben lassen, wenn man will.

Weiter kann man unter den eingeschriebenen Benutzern – 350 Millionen aktive zählte Facebook nach eigenen Angaben Ende 2009, Myspace etwa 100 Millionen – nach Freunden, ehemaligen Schulkameraden oder Arbeitskollegen suchen. Man kann neue Freunde finden, etwa indem man einer der zahllosen Gruppen beitritt. Die Mitglieder solcher Gruppen tauschen sich über irgendein Thema aus, das kann die Frage sein, wie man den Benzinpreis in den USA wieder auf 1 Dollar 30 pro Gallone drücken kann, das können Probleme sein mit dem Bildbearbeitungsprogramm Photoshop, oder jemand gründet eine Gruppe und behauptet, wenn 1 170 000 Personen ihr beitreten, werde ihn seine Freundin heiraten.

Bei Facebook gibt es die zusätzliche Möglichkeit, dass man eigene Programme entwickeln kann, die dem Design von Facebook entsprechen und von anderen Facebook-Nutzern in ihre Seiten eingebunden werden, deren Daten sie dann verwenden. Es sind vor allem Spiele und Kommunikationsprogramme. Laut Facebook gab es Anfang 2009 insgesamt mehr als 52 000 solcher Programme.

Ein Blog ist eine Art Tagebuch im Internet. Der Name ist eine Verkürzung von Weblog, also einem «Logbuch im World Wide Web». Hier sind alle erdenklichen Inhalte zu finden: Technikfreaks kommentieren jedes neue Gerät und spekulieren über künftige Entwicklungen, Konsumenten setzen sich kritisch mit Firmen, Produkten oder Dienstleistungen auseinander, Privatpersonen philosophieren über Gott und die Welt – wie so oft im Internet ist das grösste Problem, die Spreu vom Weizen zu trennen.

Ein paar Adressen zum Einstieg: Aufmerksamkeit erregt immer wieder Bundesrat Moritz Leuenberger mit http://moritzleuenberger.blueblog.ch. Aus einer anderen Perspektive beleuchtet der St. Galler SVP-Jungnationalrat Lukas Reimann die Politszene (www.reimann-blog.ch). Auf http://weblogs.greenpeace.ch publizieren Mitarbeiterinnen und Mitarbeiter der Umweltorganisation ihre Positionen, auf www.swissstartups.com/blog berichtet der frühere Firmengründer Dominik Tarolli über vielversprechende neugegründete Unternehmen, sogenannte Start-ups, auf http://about.search.ch informiert das Unternehmen Search.ch (siehe Kasten auf Seite 47) laufend über Neuerungen auf seiner Site, der Finanzblog (http://finanzblog.kaywa.com) erklärt Anlagemöglichkeiten und -trends, den Medien auf die Finger beziehungsweise auf die Tasten schauen

will der Blog auf www.medienspiegel.ch.

Einen Einstieg ermöglicht Swissblogpress (http://sbp.twoday.net), ein Netzwerk von etablierten und unabhängigen Blogs, die regelmässig zu bestimmten Themengebieten publizieren. Oder www.blogverzeichnis.ch. Blogs sind auch zu finden über www.slug.ch, http://planet.blogug.ch, www.aggregator.ch.

Eine besondere Form von Blog ist Twitter (www.twitter.com), gewissermassen Kombination von Blog und Community: Hier werden Beiträge nicht nur von einem einzelnen Blog-Betreiber verfasst, sondern von allen angemeldeten Benutzern. Zudem sind sie SMS-artig auf 140 Zeichen beschränkt, wodurch sich das System gut zur knappen und raschen Information an viele verschiedene Empfänger eignet.

Twitter wird deshalb auch als «Mikroblog» bezeichnet und kann nicht nur über den Computer, sondern auch über das Handy benutzt werden.

Diese Kommunikationsform hat sich in jüngster Zeit stark verbreitet und für Schlagzeilen gesorgt. So zum Beispiel während der Wahlen im Iran von 2009 und den damit verbundenen Unruhen. Die Behörden versuchten, die Verbreitung von Nachrichten zu unterbinden, aber über Twitter gelangten viele Informationen dennoch ins Ausland und wurden von internationalen Medien als Basis für ihre Berichterstattung verwendet.

Eine Besonderheit von Myspace wiederum ist, dass sich hier besonders viel um Musik dreht: Viele «Spaces» werden von Musikern oder Fanclubs unterhalten, sie enthalten Informationen über die Stücke und Alben, meist auch mit Download-Möglichkeiten, und über die Tourneen und Auftritte der Gruppen.

Auf dem virtuellen Marktplatz findet man tatsächlich Freunde
Diese virtuellen Marktplätze sind im Zeitalter der Globalisierung durchaus von Vorteil – hier kann man die ehemalige Studienkollegin in den USA, die nach Australien ausgewanderte frühere Nachbarsfamilie und den alten Schulschatz in Südafrika gleichzeitig mit aktuellsten Neuigkeiten aus dem eigenen Leben versorgen. Und man kann einfach neue Bekanntschaften mit jemandem in Singapur anknüpfen, der sich auch für chinesische Ming-Vasen interessiert.

Allerdings ist der Begriff «Freunde» im Sinne dieser Netzwerke relativ: Leute, die sie aus kommerziellen Gründen nutzen wie etwa Personen aus dem Showbusiness haben denn auch mal Tausende von «Freunden», die dann allerdings in der Regel als «Fans» bezeichnet werden. So hat etwa der Rapper Bligg über 35 000 Fans. Und der US-Präsidentschaftskandidat Barack Obama nutzte solche Online-Netzwerke ganz gezielt für seine Wahlkampagne.

Achtung, falsche Freunde: Die Risiken der Communitys
Und selbstverständlich haben Findige bereits entdeckt, dass man damit Geld machen kann. So gibt es sowohl Leute, welche die Daten ihrer «Freunde» an Spammer verkaufen, die so zu Tausenden von gültigen Mailadressen kommen, die sie mit ungebetener Werbung eindecken können.

Noch problematischer ist allerdings, dass man mit der Veröffentlichung von oft ziemlich persönlichen Angaben auf diesen Sites grosse Risiken eingeht. 2007 platzierten Mitarbeiter eines Internet-Sicherheitsunternehmens auf Facebook testweise ein fiktives Profil unter dem Namen «Freddi Staur» mit einigen wenigen persönlichen Angaben sowie dem Bild eines Spielzeugfrosches. Dann fragte «Freddi» 200 zufällig ausgewählte Facebook-Benutzer an, ob sie sein Freund werden wollten; diese Anfrage und die Zustimmung der kontaktierten Person ist nötig, damit man Zugriff auf die persönlichen Angaben bekommt.

42 Prozent der Kontaktierten sagten ja – und damit hatte Freddi Zugang zu deren Namen, Mailadressen und Telefonnummern, Geburtsdatum, Informationen über ihre berufliche Situation, über persönliche Vorlieben und Abneigungen und in vielen Fällen auch Zugriff auf private Fotos von Angehörigen und Freunden.

Allerdings gehen solche unüberlegten Freundschaften nicht immer so glimpflich aus wie hier bei diesem Test: 2007 erregte ein Gerichtsfall in den USA grosses Interesse, nachdem eine Frau ein 13-jähriges Mädchen angeblich in den Selbstmord getrieben hatte. Das Mädchen hatte bei Myspace mit einem Knaben angebändelt, der behauptete, sich in sie verliebt zu haben, worauf sich das Mädchen seinerseits verliebte. Dann aber begann der Knabe auf einmal, das Mädchen zu beschimpfen und zu beleidigen und andere MySpace-Teilnehmer ebenfalls zu Demütigungen aufzustacheln – so lange, bis es sich erhängte. Später kam heraus, dass dieser «Knabe» in Wirklichkeit eine frühere Freundin des Mädchens und deren Mutter waren, die sich dafür rächen wollten, dass das Mädchen und die Tochter Streit hatten.

Die Ironie der Geschichte: Die angeklagte Mutter konnte nicht bestraft werden, weil die Gesetze dafür nicht ausreichen, allerdings wurden sie und ihre Familie danach in der Internet-Gemeinde ihrerseits öffentlich gehetzt und an den Pranger gestellt.

Weitere Gefahren der Communitys: Pädophile, Viren

Leider sind diese Communitys auch ein Tummelplatz für Pädophile geworden, sodass besonders Eltern jüngerer Kinder sehr aufmerksam sein sollten, welche Kontakte diese hier pflegen.

Damit nicht genug der Gefahren: Die offene Art des Umgangs innerhalb der Communitys lädt Computerviren direkt ein. Während heute allgemein bekannt ist, dass man verdächtige E-Mails von obskuren oder unbekannten Absendern nicht öffnen soll – und deren Anhänge schon gar nicht –, kommen Community-Botschaften ja von «Freunden». Sie enthalten beispielsweise ein Video, doch klickt man den entsprechenden Link an, erscheint die Meldung, man benötige ein Software-Update, was durchaus nicht ungewöhnlich ist, aber statt der neuen Programmversion lädt man sich damit den Virus (siehe Kapitel 8).

Aus dem Mitmach-Lexikon wird eine grosse Community

Eine besondere Community ist Wikipedia (www.wikipedia.org), getragen von der Wikimedia Foundation, einer amerikanischen Non-Profit-Organisation: In erster Linie ist sie ein offenes Web-Nachschlagewerk, in dem jeder und jede Beiträge verfassen und sogar abändern, aber auch kopieren und weiterverbreiten kann.

Es gibt sie mittlerweile in über 250 Sprachen, darunter in Alemannisch – den Dialekten der Deutschschweiz, des Elsasses, von Baden und Schwaben in Deutschland und des Vorarlbergs – und seit 2008 auch in Rätoromanisch. Die englischsprachige Wikipedia enthält 3 Millionen Artikel, die deutschsprachige über 900 000, damit ist sie die zweitgrösste Sprachausgabe. An ihr arbeiten über 7000 Personen regelmässig mit, viele davon sind einfach «Angefressene», die besondere Kenntnisse von bestimmten Themen haben, andere erarbeiten sich extra ein Wissen, um hier Artikel zu platzieren, und zunehmend gibt es auch eigentliche Fachautoren, so hat die Zentralbibliothek Zürich Mitarbeiter damit beauftragt, zu bestimmten Themen Beiträge zu verfassen.

Der Community-Gedanke ergibt sich daraus, dass hier jeder und jede mitreden beziehungsweise mitschreiben kann. Wenn jemandem ein Eintrag nicht passt, kann er diesen abändern oder einen Hinweis anbringen. So gibt es viele Einträge, bei denen eine Notiz da-

Animierte Märchenwelt am Computer: Spiele wie World of Warcraft ziehen einen auch durch die raffinierte gezeichnete Szenerie in den Bann

rauf hinweist, dass der Text den Anforderungen nicht genügt, und auf einer speziellen Diskussionsseite dazu ist aufgelistet, wer welche Kritik daran geäussert hat.

An Wikipedia wird immer wieder kritisiert, dass wegen des offenen Systems nicht gewährleistet ist, dass die Texte wirklich vollständig und korrekt seien. Vergleiche mit herkömmlichen Lexika haben allerdings bereits mehrfach ergeben, dass Wikipedia in vielen Bereichen mit diesen mithalten kann oder ihnen sogar überlegen ist.

Bekannt ist allerdings, dass schon mehrfach Personen oder Unternehmen ihre Einträge zu ihren Gunsten geändert, also geschönt haben. Dank dem Werkzeug «WikiScanner» kann allerdings seit 2007 nachvollzogen

werden, von welchem Computer aus Änderungen eingegeben wurden. Damit konnte unter anderem bewiesen werden, dass von einem Computer von BMW ein Artikel über BMW positiver umformuliert oder dass in einem Artikel über das Deutsche AKW Biblis von einem Computer des Biblis-Betreibers RWE eingefügt wurde, Biblis sei «ein Meilenstein in punkto Sicherheit». Bekannt wurde auch, dass ein Eintrag über den heutigen «Weltwoche»-Verleger und -Chefredaktor Roger Köppel mehrmals von einem Computer des deutschen Axel-Springer-Verlags aus geändert wurde, als Köppel noch Chef der Springer-Zeitung «Welt» war. Dieser gab in der Folge auch zu, «tendenziöse und falsche Angaben» geändert zu haben. Bei-

Die Frage, ob das Herunterladen von Musikstücken erlaubt ist oder nicht, ist interessanterweise in der Schweiz nicht ganz klar beantwortet, denn es gibt dazu bisher keine Klage und kein Gerichtsurteil – was darauf hindeuten könnte, dass auch die Musikindustrie die Chancen auf ein für sie günstiges Urteil nicht besonders hoch einschätzt. Allerdings ist die Rechtslage an sich eher verworren:

■ Klar ist die Sachlage bei Musik, die von Gruppen oder Firmen ausdrücklich gratis für den Download zur Verfügung gestellt wird. Anders sieht es bei den Tauschbörsen aus, so ist kaum anzunehmen, dass bekannte Interpreten und Gruppen ihre Stücke gratis verteilen wollen. Aber laut der Stiftung für Konsumentenschutz geht «die überwiegende Mehrheit der Juristen im Gebiet des Urheberrechts davon aus, dass der Konsument gratis Musik und Filme aus dem Internet downloaden darf». Und dies unabhängig davon, ob es sich um legale Angebote oder um illegale Tauschbörsen handelt. Denn es könne nicht den Konsumentinnen und Konsumenten zugemutet werden, zwischen legalen und illegalen Angeboten zu unterscheiden.

■ Illegal ist es auf jeden Fall, selber Musikstücke für das Herunterladen über das Internet zur Verfügung zu stellen, auch wenn Sie die Originale gekauft haben. Wer also Musik von einer solchen Tauschbörse herunterlädt, sollte das Programm so einstellen, dass die eigene Musik nicht den anderen Benützern zur Verfügung steht.

■ Das Brennen der Musik auf CDs für den Privatgebrauch – das gilt auch für Familienmitglieder oder für Freunde und Freundinnen – ist dann legal, wenn die Musik von einer Tauschbörse stammt. Bei bezahlten Stücken kommt es darauf an, was die allgemeinen Geschäftsbedingungen des Verkäufers besagen.

■ Legal ist es auch, kopiergeschützte Stücke oder CDs für den Privatgebrauch mit einem Programm zu kopieren, das solche Sperren knackt. Allerdings ist es seit dem Inkrafttreten des neuen Urheberrechtsgesetzes Mitte 2008 verboten, solche Programme herzustellen, zu verkaufen oder zu vertreiben. Wer ein solches Programm im Ausland kauft oder bereits besitzt, darf es aber benutzen.

Dies gilt übrigens sinngemäss auch für Filme.

spiele sind zu finden unter http:// de.wikipedia.org/wiki/Wikipedia:Wikiscanner.

Neben der eigentlichen Wikipedia sind in den letzten Jahren unzählige Spezial-Wikis entstanden: Websites zu bestimmten Themen, die ebenfalls von den Benutzern selber aufgebaut und verbessert werden können. Verbreitet sind sie vor allem im Bildungssektor, so

gibt es verschiedene Schulwikis (zu finden bei www.lernklick.ch/referenzen.htm).

Ein grosses Spielfeld:
Spielen im Internet

Spiele gibt es im Internet, seit es das Internet gibt. In den Anfangszeiten waren sie textbasiert (siehe den Absatz über Muds weiter unten), doch mit der enorm verbesserten Grafikfähigkeit und der höheren Rechenleistung der modernen Computer und den viel schnelleren Leitungen, aber auch mit der Verbreitung von Spielkonsolen wie Wii von Nintendo, Xbox von Microsoft und Playstation von Sony und mit deren Einbindung ins Internet haben sich grafisch animierte Rollenspiele stark verbreitet. Dabei bewegt man sich als Spieler in einer mehr oder weniger echt gezeichneten, auf dem Bildschirm dargestellten Scheinwelt. Ein wesentliches Merkmal der meisten dieser Spiele ist, dass sich hier gleichzeitig unzählige Teilnehmer tummeln und sowohl gegen das Schicksal (beziehungsweise gegen Regeln und Routinen, die von den Entwicklern eingebaut wurden) wie gegen die anderen Teilnehmer – oder zusammen mit diesen – spielen. Mit diesen anderen Spielern, die im Spiel neben einem stehen, in Wirklichkeit aber vielleicht am anderen Ende der Welt vor ihrem Computer sitzen, kann man sich per Chat unterhalten.

Aus solchen Kommunikationen können durchaus echte Begegnungen entstehen, und immer wieder werden für die Teilnehmer dieser Spiele entweder von den Veranstaltern oder in Eigeninitiative der Spieler gesellschaftliche und Spiel-Zusammenkünfte organisiert.

Eines der ersten solchen Massen-Online-Rollenspiele ist Ever-Quest (http://everquest2.station.sony.com) von Sony, heute Ever-Quest 2. Es spielt auf dem fiktiven Planeten Norrath, zum Start kreiert man sich einen eigenen Spielcharakter, der nach Wunsch gut, neutral oder böse sein kann, dann geht es darum, die virtuelle Welt kennenzulernen, sich mit anderen Spielern zu verbünden oder auseinanderzusetzen und vor allem, sich Spielstufe um Spielstufe nach oben zu arbeiten.

Dabei lernt man sukzessive die Welt von Norrath besser kennen, inklusive der Götter, die es hier gibt, dazu vermittelt einem Ever-Quest gewissermassen den geschichtlichen und aktuellen Hintergrund. Das Spiel ist kostenpflichtig.

Ähnlich funktioniert World of Warcraft (deutsch: Welt der Kriegskunst, www.wow-europe.com). Mit über elf Millionen registrierten Benutzern, die mit ihren Spielgebühren von 15 Dollar pro Monat dem Entwicklerunternehmen Blizzard Enterprise einen Jahresumsatz von über einer Milliarde Dollar bescheren, gilt es als das erfolgreichste Spiel dieser Art. Wie bei EverQuest geht es auch hier darum, von einem festgelegten Startpunkt aus die Welt zu entdecken und dabei verschiedene Aufgaben zu lösen. Diese bestehen keineswegs nur darin, zu kämpfen und irgendwelche Monster zu besiegen, sondern auch darin, einen Beruf und bestimmte Fertigkeiten zu lernen, durch Kauf oder Tausch Materialien zur Herstellung von Gegenständen zu erwerben und durch möglichst geschicktes Wirtschaften Vermögen anzusammeln. Für die Bewältigung von schwierigen Aufgaben muss man sich mit anderen Spielern zusammenschliessen.

Sucht, Gewalttätigkeit: Sind Spiele wirklich harmlos?

Eine Kritik an diesen Spielen ist, dass sie süchtig machen können – sie sind von den Entwicklern auch durchaus so konzipiert, dass man immer tiefer darin eintauchen kann und soll. Eine Studie der Vereinigung der europäischen Hersteller von interaktiver Software von Mitte 2008 ergab, dass sich in der Schweiz jeder und jede Dritte zwischen 16 und 49 Jahren selber als Computer- und Videospieler bezeichnen. Das sind 1,3 Millionen Menschen, ein Drittel davon Frauen, quer durch alle Berufe. Sie sitzen im Durchschnitt eine Dreiviertelstunde pro Tag vor dem Spielgerät. Damit ist das Gamen eine der beliebtesten Freizeitaktivitäten in dieser Altersklasse. Am beliebtesten sind laut dieser Untersuchung Strategie- und Rennspiele, bei den Frauen vor allem Simulationsspiele. Killerspiele werden angeblich nicht einmal von jedem zehnten Spieler gespielt.

Die Kritik hat dazu geführt, dass die Hersteller selber Massnahmen ergriffen, um die Sucht zu beschränken, so ist es Eltern bei World of Warcraft möglich, die Spielzeit der Kinder zu reglementieren.

Umstritten ist noch, wie weit gewalttätige Killerspiele Kindern schaden und sie abstumpfen oder gar selber gewalttätig werden lassen. Allerdings wurde in Experimenten mit Messungen der Gehirnaktivitäten bewiesen, dass Killerspiele die Aggressivität steigern können. Was sich besonders bei Kindern und Jugendlichen auswirkt, da bei ihnen die entsprechenden Teile des Gehirns noch nicht voll ausgebildet sind. Ob diese Spiele aber tatsächlich dauerhafte Veränderungen im Gehirn verursachen können, ist noch ungewiss, da dazu verlässliche Langzeitstudien fehlen.

Immerhin: Zu ziemlich besorgniserregenden Schlüssen kam das Kriminologische Institut Niedersachsen in einer Untersuchung 2007/2008 mit 15 000 jungen World-of-Warcraft- (WoW-)Spielern: Danach seien 8,5 Prozent dieser Knaben und Mädchen als süchtig zu bezeichnen; damit erreiche WoW die höchste Quote aller solchen Spiele.

Das Spielangebot im Internet ist grenzenlos

Neben den erwähnten grossen Mehrbenutzer-Spielen gibt es zahllose andere Online-Spiele: Beispielsweise Simulationen, bei denen man einen Staat oder eine Firma aufbauen, ein Fussball- oder Formel-1-Team zum Erfolg führen oder etwa sich an der Börse oder im Handel bewähren muss. Ein ganz anderes Ziel verfolgt Last Exit Flucht (www.lastexitflucht.org), ein Spiel, mit dem das Uno-Flüchtlingskommissariat die Spieler in die Rolle eines Flüchtlings schlüpfen lässt.

Überhaupt haben bereits viele Institutionen gemerkt, dass man vor allem junge Leute mit Internetspielen gut erreicht, so unter anderem die Stiftung für soziale Jugendprojekte «Schtifti»: Ihr «Schtifti-Game» (www.schtifti.ch ▶ Unsere Projekte) will Jugendliche zum Nachdenken darüber veranlassen, ob sie «fit oder schlapp durchs Leben gehen» wollen. Das Spiel soll ihnen die wichtigsten Grundlagen über Ernährung, Bewegung, Entspannung, Rauchen und Recycling vermitteln.

Schliesslich: Brettspiele von Schach über Scrabble bis Backgammon, Kartenspiele, Logik- und Geschicklichkeitsspiele, Strategiespiele – das Angebot ist riesig. Eine Liste mit Links findet sich auf www.dmoz.org ▶ Spiele.

Eine alte Form von Online-Spielen schliesslich sind die so genannten Muds (von englisch Multi User Dungeon): Phantasiewelten, bevölkert von den verschiedensten Fabelwesen. Die Spielabläufe sind angelehnt an die Geschichten in Science-Fiction- und Fantasy-Romanen. Das in der heutigen Zeit Auffallende daran ist, dass diese Spiele mittels Texten gespielt werden. Es gibt also keine aufwendige Grafik, die Situationen werden mit Texten beschrieben, und die eigenen Aktionen werden mit Textbefehlen eingegeben.

Eine Liste der deutschsprachigen Muds findet sich hier: http://mud.de/DML.

E-Commerce
Das Internet, weltweites Geschäftslokal

Produktinformationen finden, Preise vergleichen, Lebensmittel nach Hause schicken lassen, CDs, Bücher, Elektronikartikel im Ausland einkaufen, Gebrauchtes ersteigern oder versteigern, die Bankgeschäfte online abwickeln: E-Commerce ermöglicht fast alles am Computer, was mit Geld zu tun hat.

Das WWW ist heute ein weltweites Einkaufszentrum, in dem Sie alles kaufen können, was Ihr Herz begehrt und Ihr Portemonnaie bezahlen kann. Und es ist noch viel mehr als das, denn der Begriff E-Commerce beinhaltet verschiedene Elemente:

Einerseits heisst es, dass Sie direkt Waren bestellen und je nach Angebot direkt bezahlen können.

E-Commerce heisst aber anderseits auch, dass Sie wie in einem Schaufenster oder Katalog die Ware zuerst betrachten und sich über Eigenschaften und Preise informieren und diese vergleichen können. Solche Informationen bieten zum einen die Hersteller von Waren und die Anbieter von Dienstleistungen an, aber auch unzählige mehr oder weniger unabhängige Organisationen und Unternehmen sowie Privatpersonen.

Weiter können Sie Dienstleistungen aller Art online beanspruchen, wie Auskünfte von Unternehmen und Amtsstellen, Beratungsleistungen von Spezialisten – von Ärzten über Computerfachleute bis zu Unternehmensberatern –, Informationen wie Telefonnummern, Börsenkurse und Serviceanleitungen. Auch dies kann unter den Begriff E-Commerce gezählt werden, obwohl viele dieser Informationen nicht kostenpflichtig sind.

Ein weiterer Bereich, der ständig mehr Bedeutung gewinnt, ist die Abwicklung von Bank- und anderen Finanzgeschäften über das Internet. Praktisch jede Bank wie auch die Post erlauben heute ihren Kundinnen und Kunden, Zahlungen online zu erledigen, das eigene Konto zu verwalten, Wertschriften zu kaufen und zu verkaufen – ausser für das persönliche Gespräch mit Ihrer Kundenberaterin müssen Sie die Schwelle der Bank nie mehr überschreiten, wenn Sie nicht wollen. Dasselbe gilt grundsätzlich für die Versicherungen und für den Abschluss von Hypotheken.

Das Engagement der Firmen hat das Internet vorangebracht
Mögen es die Internetfans der ersten Stunde auch bedauern, dass das Medium gegenüber seinen Anfängen kommerzialisiert worden ist, so muss man doch festhalten, dass diese Entwicklung das Netz auch entscheidend weitergebracht hat. Denn hätten nicht Händler, Banken und Konzerne ein grosses Interesse daran, das Internet als Kommunikationsmittel für ihre Zwecke zu nutzen, wären nicht derart viele Ressourcen in dessen Weiterentwicklung geflossen.

Und die Nutzerinnen und Nutzer scheinen dies durchaus zu honorieren: Zwar wird das Web laut dem Bundesamt für Statistik in erster

Linie für die E-Mail-Kommunikation und für die Beschaffung allgemeiner Informationen genutzt, aber 40 Prozent der Nutzer tätigen ihre Bankgeschäfte im Netz oder kaufen online Waren irgendwelcher Art ein, und etwa 25 Prozent ersteigern oder versteigern Artikel im Web.

Häufig gekauft werden Bücher, Eintrittsbillette, CDs, DVDs und Computerartikel, an der Spitze der Online-Einkäufe stehen allerdings Flugtickets und Ferienreisen. Daneben wird das Web häufig genutzt für Preisvergleiche sowie das Einholen von Informationen von Firmen und Institutionen anstelle von Papierprospekten oder telefonischen Auskünften. Dasselbe gilt für Kleinanzeigen etwa für Wohnungen, Autos und für Stelleninserate.

E-Commerce für alle: Lebensmittel und Alltagsartikel

Kaum ein Quartierladen, der heute noch keine Website hat. Zwar kann man auf der Site der Dorfkäserei oder des Bäckers um die Ecke noch nicht direkt bestellen und nach Hause liefern lassen, dennoch ist alles, was das Herz oder der Magen begehrt, online zu haben.

Eine beliebte und vielgenutzte Funktion im Web: Der Kauf von Büchern – kein Wunder, denn wenn man ein Buch bestellt, weiss man, was man bekommt

Zwar macht der Schweizer Detailhandel erst einen kleinen Teil des Umsatzes über das WWW, aber die Kurven zeigen steil nach oben: Laut einer Studie der Universität St. Gallen kauften die Schweizerinnen und Schweizer 2008 für 5,9 Milliarden Franken online ein, das bedeutet eine Steigerung von 38 Prozent in zwei Jahren. Der Marktführer in der Schweiz, der virtuelle Laden der Migros, Le Shop (www.leshop.ch), zum Beispiel meldete für 2008 eine Umsatzsteigerung gegenüber dem Vorjahr um 21 Prozent auf 112 Millionen Franken und 46 000 regelmässige Kunden, die durchschnittlich Waren für 223 Franken bestellen.

Die ersten solchen E-Shops, die sich breit durchgesetzt haben, waren diejenigen für Bücher und CDs. Der Grund ist klar: Bei diesen Produkten wissen Sie als Kundin oder Kunde, was Sie geliefert bekommen, sofern Sie nur den Titel kennen. Der Anbieter andererseits hat kein grosses Problem mit der Lagerhaltung – die meisten von ihnen haben daneben ein normales Geschäft und führen die Produkte ohnehin vorrätig –, und der Transport wird unproblematisch durch die Post abgewickelt.

Hier nur ein paar wenige Beispiele aus der Schweiz und aus Deutschland: Der Shop Books.ch der traditionellen Buchhandlung Orell Füssli (www.books.ch), dann einer der ersten virtuellen Buchläden Lesen.ch (www.lesen.ch), K-Tipp-Buchshop (www. k-tipp.ch ▶ Shop + Abos) und die deutsche Filiale des grössten Online-Buchhändlers der Welt, Amazon (www.amazon.de), dazu die Internet-CD-Läden www.citydisc. ch und www.cede.ch.

Heute allerdings, wie erwähnt, ist auch alles andere übers Internet zu kaufen. Das Sortiment von Le Shop umfasst rund 12 000 Produkte, vom Gemüse über Tiefkühlprodukte, Brot und Fleisch, Haushaltartikel, Kosmetik, bis zu Spielzeug und Elektronikgeräten. Coop unterhält im Internet verschiedene «Läden» für Lebensmittel und Alltagsartikel, Elektronik, Parfümerie-Artikel, einen Wein-Shop und sogar einen Online-Shop für Heizöl.

Von A wie Apotheke bis Z wie Zimmerpflanzen: Es gibt alles
Wenn Sie ein bestimmtes Produkt suchen, können Sie praktisch sicher sein, dass Sie es im Internet bestellen können, sind doch alle denkbaren Geschäfte dort präsent, von der Apotheke (Beispiel etwa: www.zur-rose.ch) bis zum Zimmerpflanzenversand (Beispiel etwa: http://shop.garten.ch).

Um ein bestimmtes Produkt zu finden, benutzt man ganz einfach die Suchfunktion von Google: Mit der Eingabe von «Blumen» und «kaufen» bekommt man zwar wie meist bei Google zu viele und auch viele unbrauchbare Links, aber hier erweist sich für einmal die kommerzielle Funktion der Suchmaschine als nützlich: Rechts auf der Ergebnisseite sind die Links auf Blumen-Versandläden aufgelistet. Oder suchen Sie die Website des Ladens, in dem Sie ein-

■ Studieren Sie die Produktangaben genau, vor allem die Produktbezeichnung (Geräte etwa der Unterhaltungselektronik und der Computertechnik haben oft sehr verwirrliche Bezeichnungen, die denen anderer Geräte sehr ähnlich sind) oder die Speicherkapazität. Überprüfen Sie, wie alt das Produkt ist. Lassen Sie sich vor allem nicht von einer Abbildung verführen – ein Gerät vor dem Kauf in der Hand zu halten ist viel aussagekräftiger, als dieses auf einem möglicherweise geschönten Foto anzuschauen.

■ Seien Sie skeptisch bei Preisvergleichen: Der Kauf übers Internet muss keineswegs die günstigste Variante sein, es ist durchaus möglich, dass ein kleiner Händler in der Nähe auch ein elektronisches Gerät zu besseren Konditionen verkauft als der vermeintlich billigste Internetanbieter.

■ Lesen Sie die allgemeinen Geschäftsbedingungen.

■ Vergewissern Sie sich über Garantieleistungen.

■ Informieren Sie sich genau über die Lieferkonditionen, besonders wenn Sie etwas im Ausland bestellen. Am wichtigsten ist, sich zu vergewissern, dass der Shop überhaupt in die Schweiz liefert.

■ Informieren Sie sich über die Zahlungsbedingungen, berücksichtigen Sie Lieferkosten, Gebühren und Zoll. Vorsicht bei Vorkasse: Gibt es ein Rückgaberecht?

■ Vergessen Sie die Kosten für die Lieferung nicht. Ausländische Anbieter ziehen zwar die Mehrwertsteuer ab, aber bei der Einfuhr in die Schweiz wird die hiesige Steuer wieder draufgeschlagen, wenn sie mehr als 5 Franken ausmacht, was ab einem Kaufpreis von 68.50 Franken der Fall ist. Ausserdem kann eine zusätzliche Posttaxe fällig werden, die auf der Website des ausländischen Anbieters nicht aufgeführt ist.

■ Beim Kauf von ausländischen Produkten achten Sie auf sprachliche, technische oder andere dadurch entstehende Probleme, von der fremdsprachigen Bedienungsanleitung über andere Stecker und Stromsysteme bis zu den unterschiedlichen Ländercodes bei DVDs.

■ Ganz pauschal lässt sich sagen, dass der Online-Einkauf bei einem etablierten Verkäufer mit Sitz in der Schweiz, der auch reale Einkaufsläden betreibt, wesentlich sicherer ist als bei einem Shop im Ausland, der keine Telefonnummer für Rückfragen und keine überprüfbare Adresse angibt. Die Stiftung für Konsumentenschutz nennt drei Faktoren, die auf einen seriösen Verkäufer hindeuten: Telefonnummer und Adresse sind aufgeführt, die Preise sind transparent ausgewiesen inklusive Mehrwertsteuer, Verpackungs- und Versandkosten, und schliesslich sind die allgemeinen Geschäftsbedingungen verständlich und sinnvoll.

kaufen möchten – vielleicht hat sie ja bereits eine Online-Shopping-Funktion integriert.

Viele Internet-Shops aus der Schweiz findet man auf www.onlineshopping.ch.

Ideal für das WWW geeignet I: Preisvergleiche online

Das WWW ist sehr gut geeignet, um Preisvergleiche anzustellen. Dies können Sie einerseits selber tun, indem Sie verschiedene Sites ansehen und sich informieren, wer was zu welchem Preis und zu welchen Konditionen anbietet. Dann können Sie aber auch eine Site aufsuchen, auf der die Preise und Angebote direkt miteinander verglichen werden.

Schweizer Preise vergleichen können Sie beispielsweise mit

www.preissuchmaschine.ch, hier finden Sie die Preise vor allem von Elektronik-, Haushalt- und Freizeitartikeln, oder auf www.toppreise.ch mit ungefähr dem gleichen Sortiment.

Auf diesen Portalen werden Preise von «einfachen» Produkten aufgelistet. Eine andere Art von Vergleichsdienst ist die Site www.comparis.ch, wo man sich zusätzlich einen Überblick über die Preise von Dienstleistungen verschaffen kann – und das Angebot ist breit: Für Versicherungen (Krankenkasse, Auto-, Hausrat-, Haft-pflicht- oder Rechtsschutzversicherungen), Bankdienstleistungen (Hypotheken, Kreditkarten, Kredite, Zinsen, Autoleasing) und Telefon- und Internetgebühren können die Angebote verglichen werden. Und dies – da beispielsweise eine Krankenkassenprämie etwas ganz anderes ist als eine Digitalkamera – mit der Eingabe der wichtigsten persönlichen Daten. Anschliessend kann man gleich über die Website eine Offerte einiger Gesellschaften anfordern.

Dann können Sie auch eines der sogenannten Verbraucherpor-

TIPP: REGELN FÜR DAS MITBIETEN BEI ONLINE-VERSTEIGERUNGEN

■ Machen Sie sich zuerst mit den Abläufen und dem Angebot vertraut. Finden Sie heraus, wann viel und wann wenig läuft, welche Produkte besonders gefragt sind. Profitieren Sie von den Erfahrungen anderer Teilnehmerinnen und Teilnehmer und überprüfen Sie deren Bewertungen von Anbietern, die für Sie wichtig sind. Lesen Sie auch die Kommentare zu diesen Bewertungen. Bei seriösen Sites können keine anonymen Bewertungen abgegeben werden, andernfalls ist Vorsicht geboten. Dies ebenfalls, wenn ein Produkt besonders viele Bewertungen in kurzer Zeit oder mit gleichem Inhalt erhält. Vergleichen Sie auch verschiedene Bewertungen derselben Person für verschiedene Produkte.

■ Kleingedrucktes: Studieren Sie die Angebote genau und achten Sie auch auf das, was nicht drinsteht; bitten Sie den Verkäufer allenfalls um zusätzliche Informationen. Prüfen Sie die Bedingungen – etwa Zahlungsbedingungen – genau, bevor Sie einsteigen. Falls Sie mit etwas nicht einverstanden sind, können Sie versuchen, mit dem Anbieter direkt etwas anderes zu vereinbaren, etwa die Ware selber abzuholen, statt schicken zu lassen.

Das hat den Vorteil, dass Sie die Ware vor der Bezahlung überprüfen können.

■ Der richtige Zeitpunkt ist wichtig: Bieten Sie zu früh, helfen Sie mit, den Preis nach oben zu treiben.

■ Bleiben Sie am Ball: In den entscheidenden Phasen kann es sein, dass die neuen Gebote rasch hintereinander abgegeben werden. Verfolgen Sie dann die Entwicklung, und denken Sie daran, immer wieder die Auktionsseite zu aktualisieren.

■ Bleiben Sie ruhig: Setzen Sie sich eine Preislimite und halten Sie sie ein.

■ Versand per Einschreiben: Wertvolle Waren sollten per Einschreiben verschickt werden.

■ Bei Internetversteigerungen wird immer wieder gestohlene Ware verkauft. Dies ist für den Käufer zwar nicht strafbar, aber unter Umständen müssen Sie das Gekaufte wieder zurückgeben. Verlangen Sie deshalb bei wertvollen Stücken einen Eigentumsnachweis.

■ Für Anbieter: Beschreiben Sie Ihre Ware so aussagekräftig wie möglich und stellen Sie ein gutes Foto – oder mehrere – dazu.

Siehe auch Kasten Allgemeine Tipps für den Einkauf im Internet auf Seite 99.

Auf Versteigerungs-Sites wie www.ricardo.ch wird alles Mögliche und Unmögliche zum Verkauf angeboten, wie hier über 700 Kindersitze

tale besuchen, welche genau diese Erfahrungen und Meinungen von Konsumentinnen und Konsumenten über Produkte und immer mehr auch über Dienstleistungen sammeln und öffentlich zur Abfrage bereitstellen.

In der Schweiz gibt es zwar noch kein solches Portal. Aber wenn Sie nicht gerade eine Auskunft über die Qualität des Bäckers in Ihrem Dorf haben wollen, lohnt sich ein Blick in www.ktipp.ch. Und Sie können sich auch im Ausland umsehen und von den Erfahrungen vieler anderer lernen. Eine Adresse in Deutschland ist www.ciao.de.

Ideal für das WWW geeignet II: Versteigerungen online

Ein Erfolg sind Auktionen über das Internet – zumindest wenn man

betrachtet, wie viele dieser Sites sehr schnell hohe Besucherzahlen verzeichneten und wie einige der Leute, die diese Sites aufbauten, mit dem Verkauf rasch reich wurden. Und falls man den Geschichten glauben kann, gibt es sogar Leute, welche von den Gewinnen aus Kaufen und Verkaufen über Internetauktionen leben können.

Tatsächlich ist die Auswahl an Artikeln bei solchen Seiten beeindruckend: Tausende von Auktionen mit allen möglichen Dingen – von Computern über Möbel bis zu Konzerttickets und Sammelobjekten, von alten Ansichtskarten bis zu Zigarrenzubehör – listen die beiden grossen Internetauktionshäuser www.ricardo.ch und www.ebay.ch auf. Ebay ist das weltgrösste Auktionshaus, in der Schweiz ist

Ricardo grösser, allerdings hat man über Ebay Zugang zum internationalen Angebot mit total über 100 Millionen Artikeln. Mit Glück und dem nötigen Fingerspitzengefühl (siehe Kasten Regeln für das Mitbieten) können Sie hier tatsächlich etwas sehr günstig ersteigern.

Diese Veranstalter sind sicher seriös, allerdings ist Ihr Geschäftspartner nicht Ricardo oder Ebay, sondern der Verkäufer. Und da gibt es bereits genügend Geschichten über Bieter, die für ein vermeintlich gutes Angebot Geld überwiesen, aber dann weder je eine Leistung dafür gesehen noch das Geld zurückbekommen haben.

Zwar muss sich jeder, der etwas anbietet oder als Käufer bieten will, mit Namen und Adresse registrieren. Aber bei Leuten mit unlauteren Absichten hilft es Ihnen auch nicht gerade viel weiter, wenn Sie wissen, wer Sie hereingelegt hat.

Deshalb sollten Sie auf jeden Fall hier besonders vorsichtig sein, bevor Sie an jemanden Geld überweisen (siehe Kasten «Regeln für das Mitbieten bei Versteigerungen», Seite 100).

Eine gute Vorsichtsmassnahme ist es, zuerst einmal eine Zeitlang die Auktionen zu verfolgen und dann mit tiefen Geboten und bei billigeren Angeboten einzusteigen.

Juristische Grundlagen für das E-Geschäft

Die Realität ist oft schneller als die Gesetzgebung. So gibt es für den Handel im Internet bisher praktisch keine eigenen juristischen Grundlagen, was bedeutet, dass grundsätzlich dieselben Gesetze gelten wie bei traditionellen Geschäften.

Erschwerend ist vor allem, dass Sie als Käuferin und Käufer in der Regel nicht direkt mit dem Verkäufer in Kontakt kommen und auch mit der Ware erst dann, wenn Sie sie nach der Lieferung zu Hause auspacken.

Zwar gibt es Versandgeschäfte schon seit Urzeiten, aber im Internet ist es so einfach wie nie zuvor, einen virtuellen Laden aufzuziehen. Das bedeutet, dass sich hier auch unseriöse Anbieter tummeln.

Und unter Umständen kann es Ihnen passieren, dass Sie niemanden finden, der sich für eine Reklamation überhaupt zuständig fühlt, etwa wenn ein Angebot aus dem Ausland auf einer Site mit der Schweizer Endung .ch erscheint, der Betreiber dieser Site aber jede Verantwortung ablehnt.

Klar geregelt und einigermassen einfach durchzusetzen sind die Rechte der Konsumentinnen und Konsumenten nur dann, wenn der Verkäufer sein Geschäft beziehungsweise seinen Wohnsitz in der Schweiz hat. Dann gilt nämlich eindeutig schweizerisches Recht, und Sie haben auch die Gewähr, dass der Rechtsweg nicht allzu lang ist.

Ebenfalls vor Überraschungen sicher können Sie sein, wenn Sie eine Bestellung bei einem bekannten Geschäft aufgeben, sei dies die grosse Migros oder der

Fortsetzung auf Seite 104

Es gibt verschiedene Möglichkeiten, Waren oder Dienstleistungen zu bezahlen, die über das Internet bestellt werden:

■ **Kreditkarten:** Mit den modernen Sicherheitsstandards wie SET oder SSL kann diese Zahlungsweise als recht unbedenklich bezeichnet werden (siehe Kasten «Sicherheit von Kreditkarten» auf Seite 123). Allerdings können Kleinbeträge oft nicht damit bezahlt werden, oder dies lohnt sich wegen der hohen Spesen nicht.

■ **Vorauszahlung, Nachnahme:** Wie Zahlen per Rechnung sind diese traditionellen Systeme nach wie vor üblich und weitverbreitet. Nur bei seriösen Verkäufern zu empfehlen.

■ **Rechnung und Einzahlungsschein:** Ist in der Schweiz immer noch weitverbreitet, da das System vertraut und die Zahlungsmoral recht gut ist.

Daneben gibt es verschiedene **Online-Bezahlsysteme**, die direkt übers Internet funktionieren. 2007 hat die Zeitschrift Saldo einige davon getestet:

■ **Paypal** (www.paypal.ch): Registration von persönlichen Daten und Kreditkartenangaben nötig. Die Bezahlung wird über ein vorausbezahltes Paypal-Guthaben oder über Kreditkarte abgewickelt. Paypal eignet sich für kleine und grössere Zahlungen an Privatpersonen oder Händler. Sehr sicher, da die Daten nur einmal erfasst werden und man gegenüber dem Verkäufer anonym bleibt.

Vorteile: Für Käufer gratis, Abrechnung in der landeseigenen Währung, weitverbreitet. **Nachteile:** Funktioniert nur, wenn beide Parteien ein Paypal-Konto haben. Guthaben landen auf dem Paypal- und nicht direkt auf einem Bankkonto. Will man sich das Geld auszahlen lassen, kann dies dauern.

■ **Click & Buy** (www.clickandbuy.com) Registration von Personalien nötig. Abrechnung einmal monatlich. Bezahlung mit Kreditkarte, die Bezahlung über die Swisscom-Festnetzrechnung ist seit Mitte 2009 nicht mehr möglich. Sehr sicher, wenn man die Passwörter geheim hält.

Vorteile: Gratis, Abrechnung in der landeseigenen Währung. Konto-Überblick im Internet möglich. **Nachteile:** Wird in der Schweiz erst von 150 Stellen (2007) akzeptiert. Gut geeignet zur Bezahlung von Kleinstbeträgen.

■ **Click2pay** (www.click2pay.com/de) Funktioniert wie Click & Buy, Bezahlung über Kreditkarte oder Postkonto. Belastung erfolgt sofort nach dem Kauf. Click2pay mobile speziell für kostenpflichtige Mobile Contents wie Klingeltöne, Spiele, Software. Sehr sicher, solange man die Passwörter geheim hält.

Vorteile: Wie Click & Buy. **Nachteile:** Geringe Verbreitung. Geeignet für kleinere und grössere Beträge und für periodische Zahlungen.

■ **Micro-Payment per Telefon** Verschiedene Anbieter und Lösungen. Beim Einkauf in einem Online-Shop wird einem eine Telefonnummer oder ein Code gezeigt. Der Telefonanruf oder das SMS sind erhöht kostenpflichtig, diese Zusatzkosten werden über die Telefonrechnung bezahlt. Nur mässig sicher.

Vorteile: Keine Anmeldung, keine persönlichen Angaben nötig, schnell und unkompliziert. **Nachteile:** Wenig verbreitet, oft bei eher zwielichtigen Angeboten. Tipp: Nur bei vertrauenswürdigen Anbietern nutzen.

■ **Postfinance** (www.postfinance.ch ▶ E-Finance ▶ Infos zu E-Finance ▶ Zahlen in Onlineshops) Das damals von Saldo getestete Bezahlsystem der Post, Yellowpay, wurde ersetzt durch die Bezahlung über das E-Banking der Postfinance oder über die Postfinance Card. Damit kann in über 3000 Online-Shops gebührenfrei bezahlt werden.

Saldo empfiehlt, keine Vorauszahlungen zu leisten. Wenn ein Betrag zuerst auf der Rechnung erscheint, kann man ihn kontrollieren.

Fortsetzung von Seite 102

kleine Buchladen in Ihrer Umgebung. In beiden Fällen können Sie bei Problemen wie bei einem ganz normalen Kauf reklamieren und entweder die Ware zurückbringen oder zumindest telefonisch versuchen, eine verantwortliche Person zu finden und Ihre Beschwerde anzubringen.

E-Banking: Zahlungen über das Internet ausführen

Eine sehr attraktive Sache ist das Internet für die Banken: Sie haben heute wohl alle für ihre Kunden die Möglichkeit eingerichtet, die Einzahlungen vom Computer von zu Hause aus zu erledigen. Damit sparen sie den Aufwand, die Daten der Zahlungen zu erfassen – und somit auch Kosten.

INFO: B2B – DAS GROSSE, VERSTECKTE GESCHÄFT ÜBERS INTERNET

Ein grosser Teil des E-Commerce bleibt den normalen Internetbenutzerinnen und -benutzern verborgen: der so genannte Business-to-Business-Bereich.

Viele E-Commerce-Anwendungen sind für den Kontakt und die Geschäftsabwicklung zwischen Unternehmen eingerichtet worden, deshalb Business-to-Business, auf Deutsch etwa: von Firma zu Firma.

Die Möglichkeiten von Business-to-Business-Anwendungen im Internet sind unendlich. So haben beispielsweise alle grossen Autokonzerne ihre ganzen Arbeitsabläufe von A bis Z entsprechend organisiert: Spezialisten rund um die Welt arbeiten daran, ein neues Modell zu entwerfen, und tauschen per Internet ständig ihr Wissen mit Kollegen und Externen aus, die sie nie gesehen haben.

Ist der Bau beschlossene Sache, werden die Aufträge für die einzelnen Teile wiederum per Internet weltweit ausgeschrieben. Dabei ist es durchaus denkbar, dass ein Zulieferer aus der Schweiz den Auftrag für die Lieferung eines speziellen Chips für die Vergasersteuerung erhält, der in den USA in den Motor eingebaut wird.

Die Produktion aller Teile findet in zahllosen Betrieben in verschiedenen Winkeln der Welt statt, und wiederum wird die Koordination über das Internet abgewickelt.

Die Verkaufsstrategie für das neue Modell wird weltweit kommuniziert, zuerst an die Tochtergesellschaften und Importeure, dann an die Endkunden – natürlich per Internet.

Sind die neuen Autos einmal ausgeliefert, kommen schon bald die ersten in die Garagen zurück zu Reparaturen. Die Mechaniker können die Ersatzteile über Internet bestellen und gleichzeitig Anleitungen zu Wartung und Einbau dort abrufen.

Dann wird das Internet auch innerhalb von Unternehmen für den rascheren und einfacheren Informationsfluss genutzt: zwischen Aussendienstmitarbeitern und Zentrale, zwischen Bestelleingang und Auslieferung, zwischen Produktion und Buchhaltung und so weiter.

Kurz: Komplette Informationssysteme für weltweit tätige Konzerne, die per Internet ihre Geschäftsdaten von allen Gesellschaften ständig aktuell halten und untereinander austauschen können, sind heute ohne Internet undenkbar.

Ganz allgemein vollzieht sich mit der Verbreitung des Internets ein wichtiger Teil der Globalisierung, indem alle elektronisch abwickelbaren Vorgänge irgendwo auf der Welt ablaufen können. Sei es da, wo gerade die richtige Tageszeit ist – Geschäftszeit zum Beispiel –, oder da, wo die Arbeit am billigsten ausgeführt werden kann. Dies kann eine Berechnung, Verbuchung, Grafikerstellung, Programmierung, Textübersetzung sein – die Möglichkeiten sind unendlich.

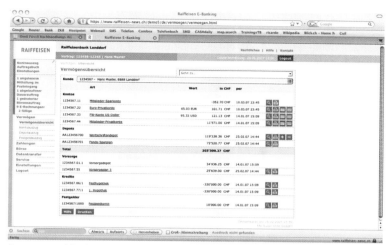

Bequem und in der Regel sicher: Bankgeschäfte übers Internet zu erledigen ist heute Standard

Sie als Benutzerin oder Benutzer haben damit keinen Mehraufwand: Sie füllen den orangen oder roten Einzahlungsschein einfach am Bildschirm aus statt auf Papier und sparen sich den Gang zur Post oder Bank. Zudem haben Sie so die letzten Zahlungsein- und -ausgänge jederzeit im Überblick.

Genauso können Sie Ihre Konten jederzeit auf Franken und Rappen genau abfragen.

Wer sein Geld nicht nur auf einem Konto angelegt hat, sondern in Aktien, Obligationen und Fonds, kann auch diese Positionen ständig im Auge behalten und natürlich kaufen und verkaufen. Allerdings sollten Sie dieser Möglichkeit nicht grosses Gewicht beimessen: Sehr viel wichtiger, als jederzeit den Wert einer Anlage genau zu kennen, ist es, eine gute Anlagestrategie und eine sehr gute persönliche Beratung zu haben.

Und wer nicht gerade mit Optionen handelt, braucht seine Börsengeschäfte nicht innerhalb von Minuten abzuwickeln, im Gegenteil: Wahrscheinlich ist es in den meisten Fällen besser, wenn Sie für die Ausführung eines Entscheids zuerst mit Ihrer Kundenberaterin bei der Bank telefonieren müssen, als wenn Sie ihn eilig über das Netz in die Tat umsetzen.

Fragen Sie Ihre Bank.

Die wichtigste Frage: Wie steht es mit der Sicherheit?

Ganz klar: Das eigene Vermögen oder auch nur schon fünfzig Franken für ein bestelltes Produkt gewissermassen dem anonymen Netz anzuvertrauen, ist nicht jedermanns Sache und braucht einiges Vertrauen in die Zuverlässigkeit des Systems und vor allem in die Seriosität des Partners am anderen Ende der Leitung.

105

Sie können allerdings davon ausgehen, dass die seriösen Händler und Banken ihrerseits grosses Interesse daran haben, dass keine Pannen passieren. Und sie geben Millionenbeträge aus, um ihre Systeme so sicher wie möglich zu machen und ständig auf dem neuesten Stand der Technik zu halten.

Was ihnen allerdings nicht immer gelingt. So kommt es immer wieder vor, dass Kundendaten in falsche Hände geraten. Ein Risikofaktor sind allerdings die Benutzer selber, die aus Nachlässigkeit oder manchmal schlicht aus Dummheit mit ihren Daten zu sorglos umgehen oder die üblichen persönlichen Sicherheitsmassnahmen wie den Schutz vor Viren vernachlässigen (mehr dazu im Kapitel über Sicherheit ab Seite 108). Viele Informationen zum Onlinebanking sind zu finden bei www.onlinebanking-forum.de.

Sicherheit
Die Probleme im Internet nehmen zu

Dadurch, dass Millionen Computer auf der ganzen Welt miteinander verbunden sind, muss jede Nutzerin, jeder Nutzer damit rechnen, ungebetene Besuche zu bekommen. Doch grösster Risikofaktor ist der Mensch selber: Zu viele Leute geben freiwillig zu viel von sich selber preis.

Sicherheit ist ein wichtiges Thema im Internet: 2008 erhielt die Schweizerische Koordinationsstelle zur Bekämpfung der Internetkriminalität (KOBIK) über 6500 Verdachtsmeldungen von Internetbenutzern. Im Jahr zuvor waren es noch 10 000, doch die Kobik bezeichnet den neuen Wert nicht als «rückläufig», sondern als «auf hohem Niveau und im Mittel der Vorjahreszahlen stabilisiert». Dabei ging es am häufigsten um Pornografie (40 Prozent) und um Spam (23,5 Prozent der Fälle).

Die meisten Internetbenutzer vergessen, dass man in dem Moment, in dem man sich ins Internet einwählt, mit Millionen anderer Computer verbunden wird und deren Nutzer theoretisch und teilweise auch praktisch zu einem «zu Besuch» kommen können.

Nun heisst dies allerdings nicht, dass damit jeder Benutzer aus Hongkong oder Buenos Aires bei uns auf der Festplatte herumschnüffeln kann, und schon gar nicht, dass er dies auch tut.

Aber es fängt schon damit an, dass man mit jedem Seitenaufruf im Browser Dokumente auf den eigenen Computer holt – und nicht sicher weiss, woher sie kommen.

Dasselbe mit Mails: Wer diese abruft, holt fremde Inhalte auf seinen Computer, von denen er im Voraus weder Absender (zumindest nicht immer) noch Inhalt kennt.

Verschiedene Gefahren, verschiedene Gefährdungen
Es gilt, verschiedene mögliche Gefahren zu unterscheiden:
■ Zusätze im Browser wie Java und JavaScript, die selbständig Funktionen ausführen können. Damit können vom Benutzer unbemerkt betimmte Manipulationen vorgenommen werden, wie sie vor allem von E-Mail-Viren bekannt sind.
■ Viren sind kleine Programme, die ziemlich üblen Schaden anrichten können.
■ Die meisten Informationen, die im Internet zirkulieren, können von Drittpersonen, welche Zugang zu Servern haben, gesehen werden. Dazu zählen auch Mails.
■ Auch Kreditkartennummern können grundsätzlich von Drittpersonen eingesehen und damit gestohlen werden.
■ Hacker sind für Privatanwender bisher kein grosses Problem, da kaum jemand ein Interesse hat, Geheimnisse auf einem Privatcomputer auszuspähen. In jüngster Zeit nimmt allerdings auch diese Bedrohung zu: So ist es relativ einfach möglich, wie der «Kassensturz» in einem Bericht im November 2009 enthüllte, im Internet echte Kreditkartennummern zu kaufen und damit Waren zu bestellen. Betreiber von Netzwerken, auch kleineren Büronetzen, müssen sich auf jeden Fall schützen

(siehe Abschnitt: «Firewalls» auf Seite 117).

- Cookies stellen keine eigentlichen Sicherheitsrisiken für den Computer dar, tangieren aber die Privatsphäre der Nutzer.
- Ein Sicherheitsproblem, das nur indirekt mit dem Internet zu tun hat: der Verlust von Daten, etwa durch Beschädigungen der Festplatte. «Indirekt mit dem Internet zu tun» deshalb, weil durch die Verbindung mit dem Internet schädliche Programme leichter Zugang zum Computer bekommen und die Festplatte beziehungsweise deren Inhalt beschädigen können.
- Ebenfalls nur indirekt mit dem Internet zu tun hat der Verlust oder Diebstahl des ganzen Computers. Dies betrifft vor allem Laptops, Handhelds und Smart-Handys, die man relativ einfach verlieren kann und die mit vorprogrammierten Internetzugängen – im schlimmsten Fall ohne Passwortschutz – auch ein Risiko darstellen.

Dabei muss man aber einmal mehr daran erinnern, dass das grösste Risiko weder Viren noch andere böswilligen Angriffe von aussen sind, sondern Fehler der Benutzer selber: versehentlich gelöschte Dateien, nicht gesicherte Daten – oder schlicht Nachlässigkeit und manchmal Dummheit. Die für die Aufklärung und Information über Computerkriminalität zuständige Stelle des Bundes, Melani (www.melani.admin.ch), schreibt im Halbjahresbericht 2007/2: «Im Bereich der Informationssicherung und der Internetkriminalität rückt die Bedeutung der Schnitt-

stelle Mensch/Computer weiter in den Vordergrund.» Das gilt immer noch, dazu mehr weiter hinten in diesem Kapitel.

Wenn Ihr Computer ohne Ihr Wissen aktiv wird

Normale HTML-Seiten sind statisch. Das heisst, Sie laden eine Seite vom Server auf Ihren Computer, und der Browser stellt sie auf dem Bildschirm dar. Nun gibt es allerdings Zusatzprogramme, welche die Funktionalität des Browsers erweitern – und plötzlich macht Ihr Computer Dinge, die Sie vielleicht gar nicht wollen.

Auch wenn Sie keine einzige persönliche Eingabe machen und nur eine beliebige Website öffnen, geben Sie verschiedene Angaben über sich selbst beziehungsweise über Ihren Computer preis, etwa:

■ Die IP-Adresse; sie führt zumindest zu Ihrem Internet-Provider und gibt meist Hinweise auf die Gegend, in welcher Sie wohnen beziehungsweise der Computer steht.

■ Hinweise auf den Computertyp.

■ Betriebssystem, gibt Hinweise auf allfällige Sicherheitslücken.

■ Den Typ des Browsers, mit dem Sie arbeiten – gibt ebenfalls Hinweise auf allfällige Sicherheitslücken.

■ Hinweis auf installierte Plug-ins.

■ Hinweise auf andere Programme, die auf Ihrem PC installiert sind.

■ Die Auflösung Ihres Monitors.

■ Die Einstellungen für aktive Inhalte wie Java, JavaScript oder VBScript.

Nun ist nicht anzunehmen, dass überall im WWW Gauner lauern, welche Ihnen dank von Ihnen gewonnener persönlicher Daten auf den Leib rücken wollen. Aber möglicherweise wollen Sie einmal eine Site besuchen, ohne dass deren Betreiber irgendeine Spur von Ihnen zu sehen bekommen. Dann können Sie einen sogenannten Anonymizer benutzen. Dieser funktioniert als Filter und unterdrückt je nach Anbieter oder Angebot bestimmte Informationen und leitet die Anfrage erst dann an den Zielserver weiter.

Die Anonymisierung ist auf zwei Arten möglich: Entweder indem Sie auf eine bestimmte Website gehen und von dort aus weitersurfen oder indem Sie ein Zusatzprogramm auf Ihren Computer laden, das sich als Plug-in in Ihrem Browser installiert und direkt das anonyme Surfen erlaubt. Ein solcher Dienst ist www.anonymizer.com. Er bietet verschiedene Versionen seines Programmtools mit verschiedenen Funktionalitäten und Preisen an.

Tor ist ein Netzwerk von Servern, die von Privatpersonen betrieben werden. Daten werden zu einem Eingangs-Server geschickt, dieser leitet sie verschlüsselt auf einen zufällig ausgewählten nächsten Server, dieser tut dasselbe. So «hüpfen» die Daten von einem Server zum anderen, sodass ihre Spur kaum mehr zu verfolgen ist https://www.torproject.org.

Weitere Möglichkeiten, anonym zu surfen: www.anonymsurfen.com http://anonymouse.org

■ **Java** ist eine plattformunabhängige Programmiersprache. Sie verwendet Mini-Programme, sogenannte Applets, welche mit der Seite auf den eigenen Computer geladen werden und dort selbstständig Operationen ausführen. Beispiele sind Textbänder mit Newsticker-Meldungen, die über die Seite laufen, oder dreidimensionale Darstellungen von Objekten, die man mit der Maus drehen kann, eine Anwendung finden Sie auf www.heise.de ▶ Security ▶ Dienste ▶ Browsercheck ▶ Java. Aber auch Datenbankabfragen lassen sich in Java realisieren.

Java: Grundsätzlich sicher, aber eventuell doch nicht...

Die Java-Applets laufen innerhalb einer eigenen Software-Umgebung

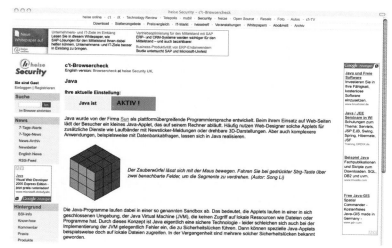

Auf www.heise.de kann man nicht nur die Sicherheit prüfen, sondern auch die Funktion von JavaScript anschaulich demonstrieren lassen

ab, der sogenannten Java Virtual Machine (JVM), die in sich geschlossen ist und somit keine Verbindung zum übrigen Inhalt der Festplatte hat. Damit ist Java grundsätzlich eine sichere Technik, aber wenn die JVM nicht sauber aufgebaut ist, können Java-Applets auf lokale Dateien, Dokumente oder Programme zugreifen.

Java kann in allen Browsern aktiviert oder deaktiviert werden.

Empfehlung: Wenn Sie auf Nummer sicher gehen wollen, schalten Sie Java aus – und probieren, ob Sie damit zurechtkommen, dass gewisse Seiten den Inhalt nicht richtig darstellen. Andernfalls wieder einschalten (wie Sie das tun und auch JavaScript und ActiveX deaktivieren, siehe im Abschnitt über die Sicherheitsstufen des Internet Explorers auf Seite 113).

■ **JavaScript** – auch Jscript – hat trotz des ähnlichen Namens mit Java nichts zu tun. Ausser, dass damit auch Bewegung in eine Website gebracht werden kann. Die bekannteste Anwendung ist die Animation eines Bildes oder Logos, indem man mit dem Mauszeiger darüber fährt – auch dazu finden Sie ein Beispiel auf www.heise.de ▶ Security ▶ Dienste ▶ Browsercheck ▶ JavaScript.

Weitere Anwendungen sind Aufklappmenüs, die eine Folgeseite automatisch aufrufen, ohne dass man noch einen Bestätigungsknopf anklicken muss, oder Seiten, die automatisch neue Fenster – zum Beispiel Werbefenster – öffnen. Viele der bekannten Sicherheitsprobleme in Web-Browsern haben mit JavaScript zu tun.

Auch nicht unproblematisch: Microsofts VBS

Eine mit JavaScript vergleichbare Programmiersprache von Micro-

An den verschiedensten Stellen werden Informationen über Ihre Surftour gespeichert:

■ Im eigenen Browser: Besuchte Seiten, Cookies.

■ Bei der Einwahl beim Provider: Name, Passwort, IP-Adresse, Zeit.

■ Server beim Provider (eventuell mehrere): IP-Adresse, Zeit, besuchte Seiten, vorher besuchte Seiten.

■ Router auf dem Weg von Ihrem Computer zum Zielserver: IP-Adresse, Zeit, Protokoll (z. B. HTTP).

■ Werbebanner-Server: IP-Adresse, Zeit, besuchte Seiten.

■ Bei E-Shops oder E-Banking zusätzlich: Persönliche Daten, Betrag, andere Beteiligte wie Payment-Server, Lieferant.

Da Privatnutzer meist keine feste IP-Adresse haben (siehe Kasten Seite 22), können diese Informationen nicht einer Person zugeordnet werden. Wenn die persönlichen Daten aber bekannt sind – etwa weil man sie selber eingegeben hat –, ist dies anders. Und werden die Informationen gespeichert, kann mit der Zeit schon ein klares Nutzerprofil aus diesen Informationen entstehen.

---

soft ist **Visual Basic Script** (VBS), die nur mit dem Internet Explorer funktioniert. Sie wird selten für Webseiten verwendet, hingegen basieren viele der bekannten und auch gefährlichen Mailviren auf dieser Funktionalität.

Im Internet Explorer lassen sich JavaScript und VBS gemeinsam unter der Option Active Scripting ein- und ausschalten.

■ **ActiveX,** eine Erweiterung für den Internet Explorer unter Windows, ist potenziell eine recht gefährliche Sache, da solche Programme praktisch alle Dateien und Programme des Client-Computers beeinflussen und somit grundsätzlich viel Schaden anrichten können.

Vorsichtige Nutzerinnen und Nutzer sollten deshalb die ActiveX-Optionen deaktivieren oder mindestens auf Eingabeaufforderung stellen – in diesem Fall werden sie erst gefragt, ob sie ein solches Programm akzeptieren wollen oder

nicht: Möglicherweise benötigen Sie eine Funktion, die nur mit ActiveX-Optionen läuft. In diesem Fall kann man dies zulassen, zumindest wenn man auf der Site eines bekannten Anbieters ist.

Nun weiss man als Benutzerin oder Benutzer in der Regel nicht, wie der eigene Browser konfiguriert ist, wie der also mit diesen Programmen umgeht. Herausfinden kann kann man dies beim Internet Explorer im Menü «Extras ▶ Internetoptionen ▶ Sicherheit» und unter dem Reiter «Stufe anpassen». Dies ist entweder mittels verschiedener Sicherheitsstufen auf einen Klick möglich oder aber über die individuelle Konfiguration für jedes Programm. Standardmässig ist Explorer auf die mittlere Stufe eingestellt (siehe nächsten Abschnitt). Im Firefox sind diese Einstellungen zu finden unter Einstellungen ▶ Sicherheit und ▶ Datenschutz (siehe auch Kasten Seite 114).

Eine andere Möglichkeit bietet der Browsercheck auf der Site www.heise.de ▶ Security ▶ Dienste ▶ Browsercheck. Dort ersieht man zum einen die aktuellen Einstellungen des eigenen Browsers, findet weitere Informationen zu diesen Themen, und die möglichen Sicherheitsanpassungen werden zudem ausführlich erklärt.

**Die Sicherheitsstufen
des Internet Explorers**

Der Internet Explorer bietet eine einfache Möglichkeit, die Sicherheitsmassnahmen zu definieren. Dazu gehen Sie im Menü «Extras ▶ Internetoptionen» zum Reiter «Sicherheit». Dort finden sich vier Zonen: Internet, Lokales Intranet, Vertrauenswürdige Sites, Eingeschränkte Sites. Für die Zone Internet kann man per Regler die Sicherheitsstufe verändern, die Sicherheit für die anderen Zonen kann individuell eingestellt werden. Was dies bedeutet, wird jeweils erklärt.

Die Sicherheitsstufen bedeuten, kurz gesagt, etwa Folgendes:
■ **Sehr niedrig:** Praktisch keine Einschränkungen, Java-, Java-Script-, ActiveX-Funktionalitäten sind aktiviert, ebenso Cookies.
■ **Niedrig und mittel:** Der Benutzer wird vor dem Ausführen von möglicherweise kritischen Funktionen gewarnt.
■ **Hoch:** Das Ausführen möglicherweise kritischer Funktionen wird verunmöglicht.

Dann können Sie unter der Schaltfläche «Sites» definieren, dass die Inhalte bestimmter Sites

einer bestimmten Sicherheitszone zugeordnet werden sollen. Dies ist etwa dann sinnvoll, wenn Sie für Kinder bestimmte Einschränkungen festlegen möchten.

Wenn Sie diese Stufen noch verfeinern wollen, klicken Sie auf die Schaltfläche «Stufe anpassen», dort können alle Optionen einzeln angewählt werden. Auf diese Weise können Sie insbesondere einzeln definieren, ob Sie ActiveX, Java, JavaScript und VBS zulassen wollen oder nicht. Wenn nein, klicken Sie überall – inklusive Active Scripting – deaktivieren an.

Der Browser Firefox kennt nicht diese Sicherheitsstufen, hier können die Einstellungen unter dem Menüpunkt «Extras ▶ Einstellungen» angepasst werden.

**Cookies: Kleine Kerlchen
in geheimem Auftrag**

Cookies bilden zwar keine eigentlichen Sicherheitsrisiken, doch passen sie durchaus zum Thema «Wenn Ihr Computer Dinge macht, von denen Sie nichts wissen». Cookies sind kleine Informationshäppchen, die ein Webserver über Ihren Browser auf Ihrer Festplatte deponiert. Sie enthalten Informationen, die bei einem neuen Besuch auf der Webseite vom Browser an den Webserver übermittelt werden, damit dieser den Besucher wiedererkennt.

Sehr oft werden sie von Online-Shops angelegt, wenn man mehrere Produkte auf verschiedenen Seiten kauft, damit der Server den Inhalt des Einkaufskorbs nicht vergisst. Auch Webseiten, die man

Der Internet-Browser speichert standardmässig verschiedene Informationen, mit deren Hilfe es für Leute, die Zugang zu Ihrem Computer haben, sehr einfach ist, Informationen über die von Ihnen besuchten Webseiten und damit Aufschluss über Ihre Surfgewohnheiten zu bekommen: Dies sind einerseits die Dateien im Cache, andererseits der Verlauf.

Im Cache-Speicher werden alle Dokumente zwischengelagert, die Sie aufrufen: die eigentliche Seite mit dem Text, die Bilder, die Werbebanner – alles. Rufen Sie dieselbe Seite noch einmal auf, holt der Browser sie aus dem Cache und nicht vom Server, was wesentlich schneller geht. Wie lange diese Dateien dort bleiben, hängt von den Einstellungen ab. Und da bei diesen Beweisstücken immer deklariert ist, von welcher Webseite sie stammen, lässt sich mit wenig Mühe einiges über die Vorlieben der Surferin oder des Surfers herausfinden.

Machen Sie einmal den Test und wählen Sie (beim Internet Explorer) das Menü Extras ▶ Internetoptionen ▶ Allgemein an und klicken dort bei Temporäre Internetdateien auf die Schaltfläche Dateien anzeigen.

Der Verlauf speichert – je nach Einstellungen – die Adressen der besuchten Seiten. Diese können Sie mit der Menüoption Ansicht ▶ Explorer-Leiste ▶ Verlauf sichtbar machen.

So verwischen Sie diese Spuren: Im Menü Extras ▶ Internetoptionen ▶ Allgemein lassen sich mit der Schaltfläche Temporäre Internetdateien ▶ Dateien löschen der Verlauf, Cookies und weitere temporäre Dateien löschen.

Unter Extras ▶ Internetoptionen ▶ Allgemein ▶ Temporäre Internetdateien: Einstellungen können Sie die Grösse des Cache-Speichers ändern. Minimum ist 1 MByte, damit haben nur noch wenige Dateien Platz. Unter Extras ▶ Internetoptionen ▶ Allgemein lässt sich auch der Verlauf leeren sowie einstellen, wie lange zurück die Seitenverweise gespeichert werden sollen.

Im Firefox-Browser finden sich die entsprechenden Einstellungen unter Extras ▶ Einstellungen. Unter Datenschutz lässt sich festlegen, ob der Browser eine Chronik anlegen, also die besuchten Seiten, heruntergeladene Dokumente und Cookies speichern soll oder nicht. Rufen Sie den Menüpunkt «…eine Chronik nach benutzerdefinierten Einstellungen anlegen» auf, dann sehen Sie, was Firefox wie speichert. Unter Datenschutz lassen sich auch eine Chronik oder einzelne Cookies löschen.

selber personalisieren kann, verwenden diese Cookies, damit Sie beim nächsten Besuch mit Ihrer Seite und womöglich noch mit Ihrem Namen begrüsst werden.

Das Unangenehme daran ist, dass der Webserver diese Informationen auch speichert und so mit der Zeit ein Bild Ihrer Ein-

kaufsgewohnheiten oder Ihrer Surfgewohnheiten bekommt, das präziser sein kann, als Ihnen lieb ist. Wenn diese Persönlichkeitsprofile noch weiterverkauft werden, etwa an Werbefirmen, wird dies noch heikler.

Immerhin, die Cookies verstecken sich nicht: Sie sind in einem

Unterverzeichnis des Windows-Verzeichnisses mit dem richtigen Namen – eben Cookies – abgelegt und lassen sich mit einem Textprogramm öffnen, ansehen kann man sie auch im Browser, beim Internet Explorer über das Menü «Extras ▶ Internetoptionen ▶ Allgemein ▶ Browserverlauf ▶ Einstellungen ▶ Dateien anzeigen».

Die Behandlung der Cookies lässt sich im Explorer bei den Internetoptionen unter «Datenschutz» konfigurieren. Dort lässt sich der Browser so einstellen, dass er keine Cookies zulässt. Dies ist zu empfehlen für Nutzer, die sehr auf ihre Privatsphäre achten. Weniger radikal ist die Einstellung, bei der man jedes Mal gefragt wird, ob man ein Cookie akzeptieren will. Und unter «Bearbeiten» lässt sich für einzelne Sites individuell konfigurieren, wie deren Cookies behandelt werden sollen. So können Sie etwa festlegen, dass nur die Cookies von Ihrem Buchladen, Ihrem Blumenhändler und dem CD-Shop zugelassen sind, damit Sie dort weiterhin einkaufen können.

Ausserdem können Sie die bereits vorhandenen Cookies jederzeit löschen, und zwar unter «Internetoptionen ▶ Allgemein».

Raffinierter als normale Cookies: Flash Cookies

Eine besondere Art dieser kleinen Spione sind diejenigen, welche der Flash Player erzeugt. Sie haben die gleiche Funktion wie Cookies, aber ihre Behandlung kann nicht über Einstellungen im Browser beeinflusst werden (Ausnahme: Firefox,

siehe weiter unten). Macromedia, der Hersteller des Flash-Plug-ins, hat dafür eine ziemlich originelle Möglichkeit geschaffen: Man kann im Browser eine entsprechende Seite der Macromedia-Site öffnen, dann wird dort der eigene Einstellungsmanager geöffnet. Diese Seite ist ziemlich versteckt, zu finden hier:
www.adobe.com/support/documentation/de ▶ Wählen Sie ein Produkt ▶ Flash Player ▶ Hilfe zu Flash Player. Über einen Einstellungslink gelangt man zum Manager.

Eine andere Möglichkeit ist, über die Wikipedia-Seite «Flash Cookie» zu gehen, dort ist der Link unter dem Hinweis auf den Einstellungsmanager zu finden. Für Firefox gibt es zudem ein Add-on «Better Privacy», das es erlaubt, die Flash Cookies direkt hier zu löschen.

Sie machen den Computer krank: Viren und Würmer

Der Begriff Virus für diese bestimmte Art von Computerschädlingen ist recht zutreffend: Wie die biologischen Viren können sie sich im System einnisten, entweder sofort aktiv werden oder längere Zeit passiv bleiben, sich vermehren und vor allem «gesunde» Teile des Computers befallen und «krank machen» und im Extremfall sogar zerstören.

Technisch sind Viren kleine Programme, die sich auf fremden Computern installieren und dann bestimmte Operationen ausführen. Viele von ihnen sind harmlos, verlangsamen zum Beispiel nur den Computer. Lästiger kann es sein, wenn ein Virus Dateien löscht oder von Ihrem Computer aus massenweise Mails verschickt. Die wirklich gefährlichen Viren aber, welche etwa ganze Festplatten löschen, sind selten.

Der Oberbegriff für solche Schädlinge heisst Malware. Die Experten reden von Viren, Würmern, Trojanischen Pferden und Makroviren. Sie unterscheiden sich technisch und in ihrer Wirkung – allen gemeinsam ist aber, dass sie auf dem Computer beträchtlichen Schaden anrichten können.

Hier nur so viel: Als Viren werden Schädlingsprogramme bezeichnet, die sich auf einem PC ausbreiten. Dazu müssen sie vom Benutzer aktiviert werden – etwa indem er ein bestimmtes Programm startet, in welches sich der Virus eingenistet hat. Würmer hingegen können sich auch ohne Zutun der Benutzer verbreiten und infizieren – meist über E-Mail – ganze Netze. Trojanische Pferde vermehren sich im Gegensatz zu Viren und Würmern nicht, können aber beispielsweise alle Tastatureingaben des Benutzers an einen anderen Computer weiterleiten, womit etwa Kreditkartennummern und Passwörter ausspioniert werden können. Wer die verschiedenen Schädlinge genauer kennenlernen will, findet auf den folgenden Sites weitere Informationen:

www.symantec.de: Unter «Privatanwender» finden Sie ausführliche Informationen zum Thema, bereitgestellt vom Hersteller der Antiviren-Software Symantec. Ausserdem kann man hier eine Online-Sicherheitsüberprüfung des eigenen Computers vornehmen.

Auch http://scareware.de und www.heise.de/security vermitteln

INFO: HOAXES – NICHT SCHÄDLICH, ABER LÄSTIG

Wer hat noch nie eine Mail bekommen, in der man von einer guten Freundin, einem guten Freund über ein ganz gefährliches neues Virus informiert wurde, das grossen Schaden anrichte und über das man sofort alle Bekannten informieren müsse?

Diese Meldungen sind mit fast hundertprozentiger Garantie falsch. Ist wirklich ein gefährliches Virus im Umlauf, werden Sie es wohl kaum von einem guten Freund erfahren – ausser dieser ist selber ein echter Computerexperte. Das eigentlich Schädliche oder zumindest Lästige ist denn auch lediglich, dass diese Mails unzählige Male weiterverschickt werden, so die Leitungen und die Mailserver unnötig belasten und viele Leute wertvolle Zeit kosten. In dieselbe Kategorie gehören die Kettenbriefe, vom angeblich krebskranken Mädchen über sensationelle Geschäftsmöglichkeiten in Nigeria bis zum Angebot, in 90 Tagen 90 000 Dollar zu verdienen.

Hier gibt es nur eines: Sofort löschen. Wer sichergehen will, kann sich bei http://hoax-info.de vergewissern, dass es sich um einen Scherz handelt – oder bei Gelegenheit mal ein bisschen in der Liste der bekannten Hoaxes stöbern.

Diese Site informiert auch über echte Viren und Gegenmassnahmen.

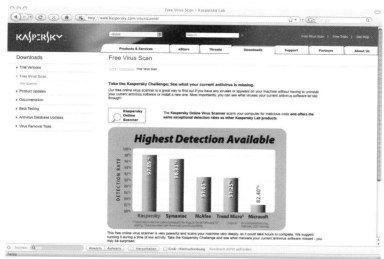

Bei www.kaspersky.com kann man eine Online-Virenprüfung vornehmen,
laut dem Hersteller ist dies der beste Virenscanner auf dem Markt

viele Informationen zu diesem
Thema.

Dann gibt es eine sehr häufige
Art, welche nur lästig, aber nicht
schädlich ist: die sogenannten
Hoaxes. Es sind die angeblichen
Virenmeldungen, welche nicht
wahr sind, aber die Benutzerinnen
und Benutzer oft in Aufregung ver-
setzen (siehe Kasten Seite 116).

Mit diesen Massnahmen
schützen Sie sich vor Viren

■ Am wichtigsten: Installieren Sie
ein Virenschutzprogramm auf Ihrem Computer und aktualisieren
Sie es regelmässig – die Hersteller bauen laufend Abwehrmecha-
nismen gegen neu entdeckte Viren
ein. Welches Programm Sie verwenden, ist weniger wichtig.

■ Deaktivieren Sie in den Einstellungen (siehe Absatz über die Sicherheitsstufen des Internet Explorers, Seite 113) das automati-

sche Ausführen von Dateien (Java,
JavaScript VBS, ActiveX).

■ Seien Sie sehr vorsichtig beim
Öffnen von angehängten Dateien.
Dies gilt besonders bei Mails aus
unbekannten Quellen. Aber denken Sie daran, dass Viren selbständig Mails verschicken können. Wenn Ihnen also die attraktive Kollegin vom Büro nebenan ein
Mail mit dem Betreff I love you
schickt, ist es keineswegs gesagt,
dass sie das selber geschrieben
hat. Besonders gefährlich sind Dateien mit der Endung .exe. Experten raten, diese grundsätzlich un-
geöffnet zu löschen.

■ Bei einem WLAN aktivieren Sie
die Firewall (siehe Seite 118),
ebenso die Firewall des Betriebssystem des Computers. Aktualisieren Sie die Software regelmässig, inklusive Betriebssystem.

■ Sichern Sie Ihre Daten regelmässig.

117

Am Zugangspunkt Ihres Funknetzes, dem ADSL-Router oder -Modem, können Sie verschiedene Einstellungen vornehmen:

■ Das Wichtigste überhaupt: Konfigurieren Sie das Gerät so, dass man nur mit einem Passwort ins Internet gelangt. Andernfalls kann jeder Benutzer in Reichweite des Signals frei im Internet surfen.

■ Aktivieren Sie die Verschlüsselung. Wählen Sie die beste Stufe: WEP ist unsicher, WPA ist besser, WPA2 noch besser.

■ Ändern Sie das voreingestellte Passwort für die Konfigurationsseite – es ist für viele Geräte gleich, zum Beispiel 0000. Andernfalls kann jemand Unbefugter die Konfiguration ohne Ihr Wissen ändern.

■ Geben Sie im Gerät ein, welche Clients, also Computer, Drucker und so weiter, sich anmelden dürfen. Dies ist möglich über die Hinterlegung der MAC-Adressen, die jeder Computer fest einprogrammiert hat (hat nichts mit dem Computer Mac zu tun!).

■ Platzieren Sie den Access Point so, dass er den für Sie wichtigen Bereich möglichst gut abdeckt, aber möglichst wenig darüber hinaus reicht, etwa auf die Strasse. Bedenken Sie, dass die WLAN-Signale sich auch nach oben und unten ausbreiten.

■ Arbeiten Sie nicht mit der Administrator-, sondern mit einer Benutzerberechtigung mit eingeschränkten Rechten.

Wollen Sie eine verdächtige Datei auf Viren testen, können Sie diese hier überprüfen lassen: www.kaspersky.com ▶ Free Virus Scanner.

Auf www.heise.de ▶ heise Security ▶ Dienste finden sich viele Informationen zum Thema Sicherheit, und Sie können hier Ihren Browser und Ihr E-Mail-Programm auf Sicherheit überprüfen lassen.

Wichtiger Schutz
für Netzwerke: Firewalls

Zum Schutz des eigenen Netzwerks gegen Hacker, Viren oder andere Angriffe ist die Installation einer sogenannten Firewall wichtig. Firewall bedeutet auf Deutsch Brandmauer, und der Begriff ist passend. Eine Firewall soll den inneren Bereich – das eigene Netzwerk – gegenüber dem äusseren – dem Internet – abtrennen und so verhindern, dass unerwünschte Dateien eindringen können.

Firewalls sind Programme, welche alle eingehenden Daten überprüfen auf:

■ Herkunft,

■ Empfänger,

■ Protokoll,

■ Inhalt.

Damit können etwa Seiten von bestimmten Servern – wie Pornosites – geblockt werden, bestimmten Benutzern können ausgewählte Inhalte zugänglich gemacht oder versperrt, gewisse Internetdienste – etwa Chats oder NewsGroups – blockiert werden, oder die Firewall kann gezielt Seiten mit bestimmten Inhalten – definierten Stichwörtern – sperren.

Bereits die Provider verwenden Firewalls, diese werden in der Regel aber nur ganz wenige Inhalte ausfiltern, da die Bedürfnisse und Toleranzgrenzen der Kunden sehr unterschiedlich sind, in Firmennetzen kann dies anders sein.

WLAN-Heimnetze müssen auch mit Firewall gesichert sein

Mit der Verbreitung der WLAN-Netzwerke in Haushalten und Kleinbüros müssen sich aber auch deren Anwender mit Firewalls auseinandersetzen. Die Zugangsgeräte für diese Drahtlosnetze sind mit Firewalls ausgestattet. Konfigurieren Sie diese so, dass nur die Dateien ins Netz gelangen können, die Sie auch wirklich nutzen.

Die Firewall-Einstellungen können im Konfigurationsmenü des Gerätes eingestellt werden, das über den Browser im Computer wie irgendeine beliebige Internetseite aufgerufen werden kann. Die Adresse findet sich im Handbuch des Zugangsgeräts, eine Standardadresse ist 192.168.1.1.

Auch der eigene Computer, beziehungsweise dessen Betriebssystem, hat eine Firewall bereits eingebaut. Sie lässt sich bei Windows über das Menü «Systemsteuerung ▶ Sicherheitscenter» und beim Mac (OS X) über «Systemeinstellungen ▶ Sicherheit ▶ Firewall» konfigurieren.

Ein altes, grosses Problem: Die E-Mail-Sicherheit

Am Anfang dieses Kapitels wurde die Bundesstelle Melani zitiert mit dem Hinweis, dass die «Schnittstelle Mensch/Computer» als Problem für die Sicherheit wichtiger werde. Gemeint ist, dass für viele Probleme nicht die Technik, sondern der Benutzer verantwortlich ist. Augenfällig ist dies bei Mails.

Viele Schädlinge werden über Mails verschickt, meist versteckt

INFO: SICHERE ÜBERMITTLUNG – SSL UND SET

SSL steht für Secure Socket Layer, SET für Secure Electronic Transaction. Beides sind Verfahren zur sicheren Übertragung von Daten über das Internet.

Die ausgetauschten Daten werden bei beiden Verfahren verschlüsselt, und das betrifft nicht nur Kreditkarten- oder Kontonummern und Beträge, sondern auch die Namen der beteiligten Partner (Webserver, Händler), denn wenn diese manipuliert werden, nützen alle anderen Sicherheitsvorkehrungen nichts.

Bei SET werden zusätzlich die Beteiligten wie Kreditkartenbesitzer und Verkäufer zuverlässig identifiziert. Zudem hat dieses Verfahren für den Käufer den Vorteil, dass der Verkäufer die Kreditkartennummer nicht sieht, sondern nur von der Kreditkartengesellschaft die Meldung bekommt, dass der Betrag überwiesen ist. SET ist technisch komplexer als SSL.

Läuft die Verbindung über SSL, so erscheint in der Browserzeile bei der Adresse statt ein http:// ein https://. Zudem zeigt der Browser bei einer sicheren Verbindung in der untersten Zeile Ihres Browser-Fensters ein geschlossenes Schloss.

in Anhängen. Deshalb gilt hier die absolute Regel: Öffnen Sie nur Anhänge von Absendern, die Sie kennen, denen Sie vertrauen, wobei dieses «vertrauen» nicht nur die Absenderadresse betrifft, sondern auch den Inhalt des Anhangs. Im Zweifelsfall fragen Sie nach – denn es gibt auch Schädlinge, die die Adressbücher des Zielcomputers missbrauchen, es ist also möglich, dass Sie ein Mail mit einer Ihnen bekannten und vertrauten Absenderadresse erhalten, das nicht von dieser Person stammt.

Ein alter Trick ist auch, dass Hacker sich als Ihre Bank oder sonst eine offizielle Stelle ausgeben und in einem Mail nach Passwörtern, Kreditkartennummern, Zugangscodes und anderen persönlichen Angaben fragen – dieses Ausspähen von Kundendaten wird als «Phishing» bezeichnet. Diese sollen zum Beispiel auf einer Website eingegeben werden, die derjeni-

gen des angeblichen Absenders täuschend ähnlich sehen kann. In solchen Fällen gibt es nur eines: das Mail einfach löschen. Ihre Bank oder wer auch immer wird eine solche Auskunft nie per Mail verlangen.

Im meistverwendeten Mailprogramm Microsoft Outlook lassen sich die Sicherheitseinstellungen anpassen: Klicken Sie dazu im Menü «Extras ▶ Optionen» den Reiter «Sicherheit» an, dort finden Sie gleich wie beim Internet Explorer (siehe den Absatz über die Sicherheitsstufen des Internet Explorers auf Seite 113) die Möglichkeit, die Internetsicherheitsstufe für Ihre Mails auszuwählen. Wählen Sie die Zone eingeschränkte Sites.

Auch Webmail-Sites erlauben es, die Sicherheitseinstellungen zu beeinflussen, etwa indem man einen Spam- oder Phishing-Filter ein- oder ausschalten kann oder indem man Filter für eingehende Nachrichten erstellen kann, dann werden Mails mit bestimmten Wörtern im Inhalt oder von bestimmten Absendern beispielsweise direkt in den Papierkorb abgelegt (siehe auch Kasten auf Seite 53).

TIPP: MAIL-VERSCHLÜSSELUNG

Wie andere sensible Daten, etwa Kredtikartennummern, lassen sich auch Mails per SSL verschlüsselt übertragen. Dazu müssen die Einstellungen im Mailprogramm entsprechend geändert werden. Anleitungen finden Sie auf http://bern.openwireless.ch ▶ Wissen & Technik ▶ Computersicherheit.
Wer seine Mails nicht mit einem eigentlichen Mailprogramm über das Pop-Protokoll (siehe den Absatz über Pop-Mail und Web-Mail auf Seite 56), sondern über Web-Mail verschickt, hat bei vielen Anbietern ebenso die Möglichkeit, dies verschlüsselt zu tun. Bluewin oder Yahoo bieten ganz einfach die Möglichkeit, über den Klick auf eine Schaltfläche die sichere SSL-Übertragung statt der unverschlüsselten zu wählen.

Das unterschätzte Risiko:
Das Internet vergisst nichts
Wer im Internet unterwegs ist, hinterlässt Spuren. Betrachten wir dies anhand eines scheinbar unauffälligen Beispiels: an der Benützung der Suchmaschine Google (mehr darüber und die eigentliche Suche im Kapitel 3):

Google erfasst und speichert die verfügbaren Daten von den Benutzern, um – so die offizielle Begründung – die Suchresultate zu verbessern. Das sind zum Beispiel die IP-Adresse und weitere Informationen über den Computer wie das Betriebssystem und der verwendete Browser, dann auch die Zeit der Abfrage, die Domain (zum Beispiel www.google.ch oder www.google.com) und natürlich die eigentliche Sucheingabe. Das sind die üblichen Angaben, die auch andere Server registrieren, wie sich etwa auf daten.rehbein.net überprüfen lässt.

Das klingt nicht besonders bedrohlich – umso mehr, als die meisten Benützer eine dynamische IP-Adresse haben (siehe Kasten Seite 22). Allerdings werden diese Daten gespeichert, laut Gerald Reischl, der in seinem Buch «Die Google Falle» ausführlich über das Suchmaschinen-Unternehmen berichtet, 18 Monate.

Immerhin lässt sich damit schon einiges über die betreffende Person sagen. So lässt sich anhand sogar einer dynamischen IP-Adresse zumindest die Region feststellen, wo sie wohnt oder arbeitet, siehe www.ip-adress.com. Und wenn jemand den ganzen Tag im Büro oder über längere Zeit zu Hause online ist – dank den heutigen Fixtarifen für den Internetzugang sind immer mehr Computer dauernd am Netz – und viele Suchanfragen macht, kann bereits ein Profil mit bestimmten Vorlieben gezeichnet werden. Zudem legt Google ein Cookie auf dem Computer ab, das einen wiedererkennt, wenn man zurückkehrt.

Besonders heikel wirds mit einer Registration
Und in einem Fall kann dieses sogar mit einem Namen, also mit einer realen Person verknüpft wer-

TIPP: ALLGEMEINE HINWEISE FÜR VORSICHTIGE

- Übermitteln Sie persönliche Angaben nur, wenn es wirklich nötig und sinnvoll ist.
- Laden Sie nur Daten und Programme herunter, die Sie wirklich brauchen.
- Wenn Sie Daten und Programme herunterladen, tun Sie dies nur von vertrauenswürdigen Sites.
- Prüfen Sie heruntergeladene Dateien immer mit einem aktuellen und guten Virenschutzprogramm.
- Achten Sie beim Zahlen, etwa per Kreditkarte, auf eine verschlüsselte Verbindung.
- Wenn Sie während eines Bezahlvorgangs oder beim Internet-Banking

eine Unregelmässigkeit feststellen, etwa dass die Verbindung abbricht oder eine Fehlermeldung erscheint, informieren Sie den Anbieter oder die Bank.
- Heikle Daten lassen sich verschlüsseln. Truecrypt (www.truecrypt.com) verschlüsselt Festplatten oder Partitionen, Pretty Good Privacy (www.pgp.com) verschlüsselt Dateien.
- Auch Mails lassen sich verschlüsseln (siehe Kasten links).
- Ändern Sie regelmässig die Passwörter (siehe Kasten auf Seite 122).
- Sichern Sie Ihre Daten regelmässig auf ein externes Medium.

Beachten Sie bei der Wahl des Passworts Folgendes:

■ Wählen Sie nur Passwörter, die aus mindestens sechs oder noch mehr Zeichen bestehen.

■ Wählen Sie keine Daten und Begriffe aus Ihrem Leben, weder den Vornamen Ihres Mannes, den Namen Ihres Segelbootes noch den Geburtstag Ihrer Tochter.

■ Wählen Sie keine logische Zahlen- oder Buchstabenfolge, also weder 1234567 noch qwertz.

■ Wählen Sie kein Wort, das in einem Wörterbuch vorkommt. Es gibt Programme, die ganze Lexika Wort für Wort ausprobieren.

■ Am besten: Setzen Sie ein Passwort aus Gross-, Kleinbuchstaben und Zahlen zusammen.

■ Als Eselsbrücke können Sie die Anfangsbuchstaben eines Ihnen geläufigen Satzes nehmen, zum Beispiel: Trittst im Morgenrot daher, seh' ich Dich im Strahlenmeer – ergibt: TiMd,siDiS, damit haben Sie auch Gross- und Kleinbuchstaben ge-

mischt. Falls das Komma nicht akzeptiert wird, lassen Sie dieses weg, falls das Passwort so zu lang ist, lassen Sie die hinteren Zeichen weg.

■ Ändern Sie Ihr Passwort regelmässig – spätestens dann, wenn Sie das Gefühl haben, jemand habe es erfahren und benutze es.

■ Halten Sie Ihr Passwort geheim! Geben Sie es niemandem bekannt, auch einem Systemadministrator nicht – schon gar nicht, wenn jemand anruft oder ein Mail schickt und behauptet, er sei der Systemadministrator und brauche Ihr Passwort. Dies ist mit Sicherheit nicht wahr.

■ Schreiben Sie das Passwort nirgends auf. Wenn Sie dies trotzdem tun (müssen), dann mindestens nicht auf dem Computer oder auf dem Handheld und schon gar nicht auf einem Post-it, den Sie an den Monitor kleben, oder auf einem Zettel unter der Mausmatte.

■ Hier können Sie prüfen, wie sicher Ihr Passwort ist: www.datenschutz.ch ► Passwort-Check.

den: Dann nämlich, wenn ein Benutzer sich bei einem Google-Dienst registriert, etwa um ein Mailkonto zu bekommen. Und hier werden die Möglichkeiten schon einiges grösser: «Google behält sich das Recht vor (...), sämtliche Inhalte vorab durchzusehen, zu prüfen, zu kennzeichnen, zu filtern, zu ändern, abzulehnen oder aus den Services zu entfernen», heisst es in den allgemeinen Nutzungsbedingungen. Und weiter: «Durch Übermittlung, Einstellung oder Darstellung der Inhalte gewähren Sie Google eine dauerhafte, un-

widerrufliche, weltweite, kostenlose und nicht exklusive Lizenz zur Reproduktion, Anpassung, Modifikation, Übersetzung, Veröffentlichung, öffentlichen Wiedergabe oder öffentlichen Zugänglichmachung und Verbreitung der von Ihnen in oder durch die Services übermittelten, eingestellten oder dargestellten Inhalte.»

Zwar beteuert Google, sich an die üblichen Datenschutzbestimmungen zu halten und personenbezogene Daten – Name, Mailadresse, Abrechnungsdaten – nicht an andere weiterzugeben, ausser man werde gerichtlich dazu gezwungen. Allerdings tausche man «aggregierte, nicht personenbezogene Daten» mit anderen aus.

«Aggregierte Daten »sind Informationen über das Verhalten von ganzen Gruppen von Personen, die nicht auf eine Einzelperson zurückverfolgt werden können. Ein Beispiel für aggregierte Informationen sind Buchempfehlungen: Wer bei Internetbuchläden wie www.amazon.de ein Buch sucht, bekommt weitere Titel vorgeschlagen mit dem Hinweis «Kunden, die diesen Artikel gekauft haben, kauften auch…».

Kritiker wie Gerald Reischl glauben allerdings nicht, dass Google sich so vornehm zurückhält, wie es der Leitspruch des Unternehmens «don't be evil», also «tue nichts Böses» propagiert. Er findet grundsätzlich die Tendenz eher beängstigend, dass Google daran arbeitet, «das gesamte Wissen der Welt zu ordnen, zu archivieren und Millionen von Menschen zugänglich zu machen», wie es der Vizepräsident Vinton G. Cerf in einem Interview

INFO: SICHERHEIT VON KREDITKARTEN

Obwohl es grundsätzlich möglich ist, übermittelte Kreditkartennummern während der Übermittlung abzufangen, ist diese Gefahr real eher klein. In Wirklichkeit werden Kreditkartennummern eher gleich im Multipack bei grossen Online-Shops gestohlen oder gelangen durch Nachlässigkeit solcher Unternehmen an die Öffentlichkeit. Und ein weiteres Risiko geht ein, wer bei unbekannten Personen oder Händlern Waren oder Leistungen mit Kreditkarte bestellt, welche dann diese mutwillig missbrauchen.

Grundsätzlich ist allerdings nicht der Besitzer oder die Besitzerin der Kreditkarte haftbar, wenn jemand anderer damit Missbrauch betreibt. Im Streitfall muss das Kreditkartenunternehmen beweisen, dass der Karteninhaber ein bestimmtes Geschäft getätigt hat, wenn es dafür Geld verlangt. Dieser Beweis ist in der Regel schwer zu erbringen.

Trotzdem: Schützen Sie sich bei Internetkäufen oder -bestellungen mit Kreditkarten durch folgende Vorsichtsmassnahmen:

■ Bestellen Sie nur bei seriösen Anbietern, die Sie kennen. Ein grosser Detailhändler, der in der ganzen Schweiz Läden besitzt, oder ein bekanntes Reisebüro wird wohl kaum unsaubere Geschäfte über Internet tätigen.

■ Kennen Sie den Anbieter nicht, versuchen Sie, Namen, Adresse und Telefonnummer in Erfahrung zu bringen.

■ Noch vorsichtiger sollten Sie sein, wenn Sie im Ausland einkaufen. Zum einen ist es generell schwieriger, sich bei Unkorrektheiten zur Wehr zu setzen, zum anderen gilt im Streitfall das Landesrecht des Anbieters.

■ Überprüfen Sie Ihre Kreditkartenrechnung, wenn Sie mysteriöse Zahlungen entdecken, und kontaktieren Sie die Kreditkartengesellschaft.

■ Übermitteln Sie Kreditkartennummern nur über eine sichere Verbindung. Sie erkennen diese am geschlossenen Schloss unten in der Fusszeile des Browsers und an der Anzeige des Protokolls https:// in der Adresszeile (siehe dazu den Kasten auf Seite 119).

Ein wichtiger Grund dafür, dass sich Viren und andere Computerschädlinge rasch verbreiten können, ist die Dominanz von Microsoft-Software:

■ Viren müssen nur für ein einziges Programm entwickelt werden, etwa für das Mailprogramm Outlook.

■ Immer wieder tauchen in Microsoft-Programmen Sicherheitslücken auf, welche von den Programmierern sofort ausgenützt werden. In der Regel veröffentlicht Microsoft daraufhin so genannte Patches (englisch für Flicken), mit welchen man die Löcher stopfen kann.

■ Und schliesslich führt die Microsoft-Strategie, immer mehr in die Programme einzubauen und sie untereinander immer besser zu verknüpfen, auch dazu, dass Viren sich im Computer immer rascher verbreiten können.

So hat die Windows-Programmiersprache Visual Basic Script VBS die Verbreitung mehrerer ziemlich übler Viren ermöglicht. VBS ermöglicht es, unter Windows bestimmte Prozesse automatisch ablaufen zu lassen. So kann sich ein Virus über Outlook selbständig an Mailadressen verschicken, die es aus dem Adressbuch des Benutzers «klaut». Einige Viren versehen die Mails sogar mit Betreffzeilen von bestehenden Mails – sodass die Empfänger glauben, ein echtes Mail von einer oder einem Bekannten zu erhalten.

Wer mit Microsoft-Programmen arbeitet – das sind die allermeisten Nutzerinnen und Nutzer –, sollte deshalb sehr vorsichtig sein. Allerdings hat Microsoft in den letzten Jahren das Sicherheitsbewusstsein massiv erhöht und reagiert heute auf bekanntgewordene Schwachstellen in der eigenen Software sehr rasch. Es empfiehlt sich deshalb dringend, Sicherheitsupdates immer auszuführen.

Mac-Benutzer waren lange Zeit vor Viren und anderen Schädlingen sicher. Das ist heute nicht mehr ganz so, allerdings gibt es nach wie vor viel weniger Malware für das Mac-Betriebssystem.

---

mit der Zeitschrift «Das Magazin» zugegeben hat. Er sieht Gefahren in der Grösse und der Bedeutung von Google – und auch darin, dass diese Firma sich ständig immer weitere Unternehmen einverleibt.

**Google ist viel mehr
als nur die Suchmaschine**
In der Tat ist es sehr interessant, einmal alle von Google angebotenen Dienste anzuschauen und dabei auch diejenigen nicht auszulassen, die nicht unter diesem Namen laufen. Dies sind zuerst einmal verschiedene Suchdienste:

■ **Textsuche:** die normale, bekannte Google-Suchfunktion.

■ **Bildsuche:** Man kann nach Bildern suchen, gefunden werden sie über in der Suchmaske eingegebene Wörter, die auch auf der Website stehen, auf der das Bild ist.

■ **Blogsuche:** Man kann Blogs nach Stichworten durchsuchen.

■ **Groupsuche:** Damit lassen sich Newsgruppen durchsuchen.

■ **Desktopsuche:** Man kann mit einer Google-Suche den eigenen Computer durchsuchen.

■ **Notizbuch:** Man kann zum Beispiel beim Surfen im Internet eine

Das grosse Angebot der Google-Produkte ist unter einer bezeichnenden Adresse zu finden: www.google.ch ▶ mehr ▶ und noch mehr

Notizfunktion nutzen, um Bilder, Texte und Links aus einer Website zu kopieren und in einem separaten Programm – dem elektronischen Notizbuch – ablegen. Dieses Notizbuch, das auf einem Google-Server gespeichert ist, kann man von überall nutzen und auch anderen Benutzern öffentlich machen.

■ **Blogger:** Diese Funktion ermöglicht es jedem Benutzer, selber einen Blog zu verfassen.

■ **Mail:** Normale Mailfunktion.

■ **Groups:** Mit dieser Funktion kann man selber Mailinglisten und Diskussionsforen eröffnen.

■ **Kalender:** Eine Agenda für die eigenen Termine, die man auch anderen Personen zugänglich machen kann.

■ **Orkut:** Ein Messenger-Dienst beziehungsweise eine Community zum Austausch von Textbotschaften, Bildern und Videos.

■ **Picasa:** Eine Software zur Verwaltung von Bildern auf dem eigenen Computer, mit einfachen Bildbearbeitungsfunktionen und der Möglichkeit, die Bilder zu veröffentlichen.

■ **Talk:** Ein Kommunikationswerkzeug zum Telefonieren und Austauschen von Messaging-Textmitteilungen.

■ **Text und Tabellen:** Dieser Service ist eine Alternative zu Microsoft Word und Excel, ein Werkzeug, um Texte und Berechnungen zu erstellen. Anders als bei den Microsoft-Produkten braucht man dazu aber kein eigenes Programm, sondern nur den Browser. Die Dokumente werden auf Google-Servern abgelegt und sind somit von jedem Computer aus zugänglich. Sie können auch veröffentlicht werden.

■ **Übersetzungs-Service:** Dieser erlaubt es, Texte in mehr als fünf-

Angesichts der wachsenden Kritik an seiner Datensammlerei versucht Google, Transparenz zu schaffen. Über das Webprotokoll unter www.google.com/history kann man die besuchten Webseiten anzeigen. Unerwünschte Elemente aus dem Webprotokoll können gelöscht werden. Und auf www.google.com/dashboard wird aufgelistet, welche Informationen die einzelnen Services speichern: also Mails, Texte, Surfverhalten auf Youtube zum Beispiel.

Nicht offengelegt wird allerdings, welche weiteren – nicht freiwillig abgegebenen – Daten genau erhoben, gespeichert und verarbeitet werden. Also, wie das eigentliche Nutzerprofil aussieht und wie es verwendet wird. Für beide Dienste ist ein Google-Konto erforderlich.

zig andere Sprachen zu übersetzen.

■ **Google Maps:** Eine Online-Karte der ganzen Welt mit Karten- und Satellitenbild-Darstellung. Die darin integrierte Funktion Google Street View mit Fotos der Orte aus der Perspektive eines Fussgängers oder Autofahrers hat 2009 ziemlichen Wirbel verursacht. Im November klagte der Eidgenössische Datenschutzbeauftragte Google beim Bundesverwaltungsgericht ein, weil hier Personen zu erkennen seien.

■ **Google Earth:** Eine Weltkarten-Funktion.

■ **Youtube:** Die Videoplattform gehört seit 2006 Google.

■ **Chrome, Android:** Seit Kurzem steigt Google in ein neues Geschäftsfeld ein: in das der Betriebssysteme. Chrome ist eigentlich ein Browser, soll aber eine Alternative zu Windows werden – mit einem gewichtigen Unterschied allerdings. Chrome erledigt nur die allernötigsten Dinge auf dem eigenen Computer. Alles andere wie Mails und Termine verwalten, Texte und Tabellen bearbeiten und Daten ablegen geschieht über das Netz. Sofort nach der Veröffentlichung regte sich Kritik, weil jeder Browser bei der Installation eine eindeutige Identifikationsnummer bekommt, mit der das gesamte Surfverhalten dieses Browser beziehungsweise Computers aufgezeichnet werden kann. Android anderseits ist ein Betriebssystem für Mobiltelefone.

Das sind alles Dienste, die Google gratis anbietet, aber die Liste ist keineswegs abschliessend. Bei denen, die eine Suchfunktion bieten, wird diese Suchfunktion bei Google ausgeführt, und wenn man etwas – Mails, Notizen, Texte, Bilder, Videos – ablegen kann, dann natürlich auf einem Google-Server. Und damit man ganz viel Material ablegen kann, stellt Google massenhaft Speicherplatz zur Verfügung. Dieser Platz wird laufend ausgebaut, Ende 2008 waren es gegen 7,5 Gigabyte.

Wenn jemand diese Dienste intensiv in Anspruch nimmt, weiss Google ziemlich viel Persönlichens über einen. Und wenn man sich daran erinnert, welche Rechte an diesen Inhalten sich Google im Kleingedruckten herausnimmt, ist eine grosse Skepsis sicher angebracht. Bedenken Sie: Informationen wie Texte, Bilder, Videos, Agenda-Einträge sind alles Dinge, die man eigentlich als privat ansieht.

Doch schon Suchabfragen können einiges über eine Person verraten, aber auch in die Irre führen. Etwa die Suche nach Kondomen oder anderen Utensilien aus dem Erotik-Bereich – auch wenn man sie anschliessend nicht im Internet bestellt, sondern persönlich im Laden im Rotlichtquartier kauft. Sie kann aber auch auf eine völlig falsche Spur führen, wenn zum Beispiel eine Lehrerin, ein Lehrer diese Informationen für den Sexualkunde-Unterricht zusammenträgt. Erkundigungen nach einer seltenen Krankheit: Wozu sollte man sich darüber informieren, wenn man nicht selber in irgendeiner Form davon betroffen ist. Es könnte aber auch sein, dass man sich dafür interessiert, weil eine nahestehende Person davon betroffen ist oder weil man in einem Pflegeberuf tätig ist.

Vorsicht gegenüber Google ist sicher angebracht

Was genau Google mit diesen Informationen tut, ist unbekannt. Klar ist allerdings, dass Google für die Aufklärung von Verbrechen Daten an die Behörden herausgeben müsste.

Bekannt ist auch, dass Google in China auf Druck der dortigen Regierung bestimmte Inhalte nicht veröffentlicht. Ebenfalls bekannt ist, dass bestimmte Gebiete in Google Earth und Google Maps verändert wurden – vor allem militärische Anlagen.

Kommt hinzu, dass Google ständig neue Dienste anbietet und immer wieder andere Firmen aufkauft, um deren Dienste zu integrieren, und so noch mehr Infor-

mationen sammeln kann. Vor Youtube war dies beispielsweise bereits im Jahr 2001 Deja.com, das grösste Netz und Archiv von Usenet-Diskussionsgruppen, das heute in Google Groups aufgegangen ist. Hier, in den Deja-Newsgruppen, hatten vorher jahrelang unzählige Internetnutzer offen über die verschiedensten Themen diskutiert, von Kochrezepten über Krankheiten bis zu Politik.

Wer Google misstraut und Firefox als Browser verwendet, kann die Erweiterung CustomizeGoogle installieren, die es erlaubt, Spuren der Google-Suche zu verwischen: www.customizegoogle.com. Ein Programm, das ebenfalls das Übermitteln von vielen Daten an Google verhindert und Benutzeridentifikationen anonymisiert, ist Googleclean. Das Programm läuft unter Windows XP, Vista und Windows 7 und kostet Fr. 19.90, kann aber während 30 Tagen gratis getestet werden. Mehr unter www.abelssoft.de.

Nebenbei bemerkt: Manchmal läuft es auch anders: 2007 wurde in New Jersey eine Frau des Mor-

INFO: MESSENGER UND SICHERHEIT

Wie andere Microsoft-Programme auch (siehe Kasten auf Seite 124) ist auch der Messenger gefährdet durch Angriffe von Hackern beziehungsweise Viren. So gab es Viren und Würmer, welche das Adressbuch des Messengers knackten und Benutzernamen und Mailadresse des eigentlichen Nutzers und der Chatpartner holten. Es gilt deshalb auch hier: Seien Sie besonders wachsam, verwenden Sie neue Versionen, überprüfen Sie die Sicherheitseinstellungen und halten Sie Ihre Virensoftware aktuell.

Mit der Verbreitung der drahtlosen Heimnetzwerke und den Internetzugängen zum Pauschalpreis haben die sogenannten Dialer-Programme an Bedeutung verloren. Dies sind kleine Programme, die sich ohne Zutun des Benutzers ins Internet einwählen können und dazu meist eine teure kostenpflichtige (0900er-)Telefonnummer benutzen. Allerdings sind bereits die ersten Handy-Dialer aufgetaucht, die die Handy-Rechnung in astronomische Höhen treiben.

Dies kann bei den teuersten Verbindungen bereits für das Einwählen mehrere Dutzend Franken kosten, und wenn der Dialer so programmiert ist, dass er künftig statt über die von Ihnen konfigurierte Gratisnummer über eine teure 0900er-Nummer die Verbindung ins Internet herstellt, geht dies sehr rasch schwer ins Geld.

Merken tun Sie dies erst auf der Telefonrechnung. Dann allerdings ist es bereits spät – wenn auch nicht unbedingt schon zu spät. Es ist Ihnen zwar kaum möglich zu beweisen, dass Sie den Dialer unabsichtlich auf das Handy oder den Computer geladen haben, und die Telefongesellschaft wird sicher zuerst das Gegenteil behaupten. Doch vor Gericht zu gehen, wollen sie auch vermeiden, da die Rechtslage bisher nicht eindeutig ist. Wer sich als Kunde konsequent wehrt, hat auf jeden Fall die Chance, nicht zahlen zu müssen.

Das können Sie gegen Dialer tun:

■ Der Zugang zu den teuren Mehrwertnummern kann gesperrt werden. Wenden Sie sich an Ihre Telefongesellschaft.

■ Wenn Sie eine ungewöhnlich hohe Telefonrechnung haben, verlangen Sie eine detaillierte Aufstellung der Verbindungen. Haben Sie den begründeten Verdacht, dass ein Dialer-Programm die Rechnung in die Höhe getrieben hat, reklamieren Sie umgehend bei Ihrer Telefongesellschaft und dem Bundesamt für Kommunikation.

■ Zahlen Sie nur die Rechnungsbeträge ein, die unbestritten sind.

■ Lassen Sie sich von Einschüchterungsschreiben nicht beeindrucken.

■ Erheben Sie bei einem Zahlungsbefehl unbedingt innert zehn Tagen Rechtsvorschlag.

■ Wer der Betreiber einer solchen Servicenummer ist, können Sie unter www.e-ofcom.ch/liste erfahren.

Weitere Informationen zu diesem Thema finden Sie auf der Site www.computerbetrug.de ▶ dialer-und-mehrwertdienste.

---

des an ihrem Mann angeklagt, und im Gerichtsverfahren wiesen die Untersuchungsbehörden nach, dass sie zuvor in Suchmaschinen Anfragen wie «Wie begeht man einen Mord», «nicht nachweisbare Gifte», «wie kann man illegal Waffen erwerben» eingegeben hatte. Dies fand die Polizei allerdings nicht über die Suchmaschinen-Betreiber Google und Microsoft heraus, sondern durch die Analyse des Computers der Frau.

Auch andere schnüffeln fleissig im Netz herum

Google ist zweifellos ein besonderes eifriger Datensammler, und angesichts der Breite seines Angebots und der intensiven Nutzung –

www.google.com ist die meistbesuchte Website der Welt – kommt Google leicht zu sehr vielen Daten. Allerdings: Auch andere Anbieter wie Microsoft oder Yahoo speichern Daten im grossen Massstab. Und damit immer noch nicht genug: Alles, was man im Internet tut, wird irgendwo registriert. Was nicht bedeutet, dass es auch in jedem Fall wiedergefunden werden kann, aber es ist besser, wenn man damit rechnet.

Ein Beispiel ist www.archive.org, diese Site führt ein – allerdings keineswegs vollständiges – Archiv des Internets. Dort kann man zum Beispiel Websites von www.k-tipp.ch von 2001 anschauen. Archive.org hat seit 1996 mehr als 150 Milliarden Webseiten gespeichert. Und es werden rasant mehr: Vor etwas über einem Jahr bei der letzten Aktualisierung dieses Buches waren es noch «nur» 85 Milliarden Seiten!

In den Communitys verhalten sich viele allzu sorglos

Schon allein die Google-Suche kann Informationen über eine Person ans Licht bringen, die diese nicht oder nicht mehr veröffentlicht haben möchte. Einen Eintrag in einem Gästebuch oder in einem Webforum vielleicht, der Jahre zurückliegt. Oder ein Foto, das diese Person angeheitert oder leicht bekleidet an einem Fest zeigt.

Es ist bekannt, dass etwa bei Bewerbungen im Internet zusätzliche Informationen eingeholt werden, und da kann einem eine vermeintliche Jugendsünde durchaus die Karriere vermiesen. Diese Gefahren sind allerdings durch die Verbreitung der Communitys massiv grösser geworden, weil hier die Benutzer freiwillig viele persönliche Angaben über sich preisgeben: Richtige Namen, Adressen, Freunde, persönliche Vorlieben, Ferienerlebnisse können dort eingesehen und zu unlauteren Zwecken verwendet werden. Siehe dazu auch «Die Risiken der Communitys» auf Seite 89.

Und dies nicht nur, wenn der Benutzer diese Daten wissentlich eingibt, so können zum Beispiel Digitalfotos in ihren Beschreibungen Aufnahmedatum und -ort enthalten, und wenn man die Bilder nachträglich etwa mit dem eigenen Namen und dem Namen der fotografierten Personen beschriftet und die Bilder danach ins Internet gestellt hat, sind diese Angaben auch wieder abrufbar.

Dasselbe gilt für Textdokumente: Word-Dokumente zum Beispiel enthalten unter Umständen unsichtbar Informationen wie den Namen des Autors – beziehungsweise des Computer-Benutzers –, eventuell noch weitere persönliche Angaben oder auch bereits gelöschte Passagen, die sich mit geeigneten Werkzeugen wieder sichtbar machen lassen.

Kurz gesagt: Mit Interneteintragungen ist es wie mit Tätowierungen. Überlegen Sie sich, ob Sie kein Problem damit haben, wenn sie auch noch in zehn, zwanzig oder mehr Jahren sichtbar sind.

9 Internet mobil
Das Internet lässt sich von überall nutzen

Von überallher auf der Welt erreichbar zu sein und mit der Heimat zu kommunizieren, wird dank dem Internet immer einfacher. Neben E-Mail als unkomplizierter und praktisch überall verfügbarer Technik gibt es viele weitere Möglichkeiten der weltweiten Verbindung.

Das Internet ist die beste Möglichkeit, um mit der ganzen Welt zu kommunizieren. Deshalb ist es nur logisch, dass man das Netz auch nutzen kann, um von überall auf der Welt zu kommunizieren – ideal etwa für Leute, welche aus geschäftlichen Gründen auch im Ausland erreichbar sein wollen.

Doch immer mehr Menschen wollen auch als Privatpersonen, etwa in den Ferien, nicht auf Kommunikation verzichten. So ergab vor einigen Jahren eine Umfrage in Deutschland, dass über 80 Prozent der Befragten ihr Mobiltelefon mit auf Ferienreisen nehmen und jeder und jede Zweite auch in den Ferien E-Mails nutzt – jeder Dritte sogar für den Kontakt mit Geschäftskolleginnen und -kollegen. Immerhin 20 Prozent packen den Laptop oder Organizer ins Gepäck.

Die Internetnutzung ausserhalb von Büro und Heimanschluss wird auch in der Schweiz immer populärer: Die Studie «Net-Metrix-Profile» hat ergeben, dass sich der Anteil der Bevölkerung, die das Mobile Internet benutzt, von 2007 bis 2008 von 4,7 auf 10,6 Prozent mehr als verdoppelt hat.

Das wird immer einfacher, denn in den letzten paar Jahren haben sich drahtlose Techniken stark verbreitet, und heute ist es oft schwierig, eine Verbindung dem «festen» oder «mobilen» Internet zuzuordnen, die Grenzen verwischen sich.

Grund dafür ist zum einen die Verbreitung der dafür nötigen Techniken: Neue Laptops sind durchwegs WLAN-fähig, und man kann damit in der Nähe eines öffentlichen Hotspots, etwa in einem Café, genausogut surfen und Mails herunterladen wie zu Hause oder in der Firma über das (technisch gleiche) Heim- oder Büronetz. Sogar die drahtlosen Verbindungen über das Telefonnetz sind dank neuen Übertragungstechniken wie EDGE, UMTS, HSPA heute so schnell wie im Büro oder mit dem Heim-Netzwerk (siehe: «Viele Möglichkeiten, ins Internet zu kommen» auf Seite 22). Ein weiterer Grund ist: Mobile Internetzugänge sind bezahlbar geworden.

Mobile Web-Nutzungen werden deshalb auch immer stärker von Privatpersonen genutzt: Der norwegische Software-Hersteller Opera, der mit Opera Mini einen speziellen Browser für Mobiltelefone herstellt, hat 2008 festgestellt, dass 40 Prozent des im mobilen Internet abgewickelten Datenverkehrs auf Social Networks wie Facebook und My Space entfallen.

Die Palette der Anwendungen ist sehr breit geworden
■ E-Mail ist immer noch das meistverbreitete Kommunikationsmittel: rasch, zuverlässig und unkompliziert. E-Mails können entweder

mit Hilfe des eigenen Computers (Laptop) oder von einer fremden Station – im Internetcafé, im Hotel oder von irgendeinem Terminal aus – abgerufen werden. Und Mails können auch über immer mehr Handys geladen und bearbeitet werden.

■ Das Mobiltelefon gehört heute zum Alltag: In der Schweiz gibt es seit Ende 2007 mehr aktivierte Handys als Einwohner. Und es kommt, wie es seinem Bestimmungszweck entspricht, überallhin mit. Benützt wird es zum Telefonieren, für den Versand und Empfang von Text- und Bildnachrichten (SMS und MMS) und immer öfter auch für den Datenverkehr: Songs, Bilder und Videos

können direkt über das Telefonnetz aufs Handy geladen und vom Handy verschickt werden, SMS haben sich als Kommunikationsmittel auch im Geschäftsbereich etabliert, und Mails werden immer öfter auf Mobiltelefonen abgerufen. Dann lässt sich ein Handy aber

TIPP: E-MAIL AUF DEM HANDY NUTZEN

Handys sind zwar heute technisch in der Lage, Mails zu empfangen, aber um diese zu lesen und – vor allem mit den Telefontastaturen – zu beantworten, sind sie schlecht geeignet. Ausserdem können die dafür nötigen Datenübertragungen ziemlich teuer zu stehen kommen.

Wer regelmässig Mails auf seinem Mobiltelefon bearbeiten will, sollte deshalb unbedingt einen Vertrag abschliessen, bei dem eine bestimmte Datenmenge inbegriffen ist. Wenn jedes Kilo- oder Megabyte einzeln bezahlt wird, zahlt man sonst unter Umständen enorm viel. Wobei man bedenken muss, dass allein schon das Abfragen der Mailbox Datenverkehr generiert, bevor man auch nur ein einziges Mail heruntergeladen hat. Wichtig: Vergewissern Sie sich, dass die automatische Mailabfrage in Ihrem

Mobiltelefon nur aktiviert ist, wenn Sie dies auch wirklich wollen.

Eventuell kann man bei seinem Provider eine spezielle Mailadresse einrichten, die man nur ausgewählten Personen bekannt gibt und die man auf sein Telefon weiterleitet.

Eine andere Möglichkeit ist, dass man sich über eingegangene Mails per SMS benachrichtigen lässt. Solche SMS-Benachrichtigungen können beim Telefonanbieter konfiguriert werden, lohnen sich aber nur, wenn man nur wenige Mails bekommt.

Für grösseren Mailverkehr empfiehlt es sich, die IMAP-Mailtechnik (siehe Kasten Seite 56) zu verwenden, wenn der Mailanbieter diese unterstützt. Dann bleiben die Mails auf dem Server des Mailanbieters gespeichert und werden nicht heruntergeladen.

auch als Modem benutzen, über das der Laptop mit dem Internet verbunden wird.

■ Als «Ersatz» für das Handy-Modem gibt es USB-Sticks, die in den Laptop eingesteckt werden können und dann die Datenverbindung herstellen.

■ Auch andere Geräte, die nicht in erster Linie für die Kommunikation gemacht sind, verfügen über die dafür nötigen Fähigkeiten: Spielkonsolen und MP3-Player sind oft WLAN fähig. Das heisst, dass man in Reichweite eines drahtlosen Netzes mit einer Playstation zum Beispiel über Skype telefonieren und auf dem Musik- und Videoplayer iPod auch seine E-Mails lesen und bearbeiten kann.

■ Die Anbindung von mobilen Computern an die Firmennetzwerke ist heute kein Problem mehr und gehört in immer mehr Unternehmen zur Selbstverständlichkeit. Die Verbindung wird über einen WLAN-Zugang oder über einen Mobilzugang über das Telefonnetz hergestellt. Solche Lösungen sind heute auch für Kleinstunternehmen oder gar Privatpersonen erhältlich und bezahlbar.

■ Eine raffinierte Lösung stellen USB-Sticks dar, kleinste Hardware-Teile, die bei irgendeinem Computer eingesteckt werden können und auf denen die eigenen Dokumente wie auch die für deren Bearbeitung nötigen Programme geladen sind – nach dem Ausstecken

INFO: DIE KOSTEN FÜR DEN MOBILEN DATENVERKEHR

Wer ein neues Mobil-Abo abschliesst, kann sich vorher den bestgeeigneten Anbieter aussuchen. Wer bereits ein Abo hat, kann allenfalls beim gleichen Anbieter ein anderes, günstigeres wählen. Dazu sollte man zuerst das eigene Kommunikationsverhalten genau anschauen – etwa anhand der Mobiltelefonrechnungen der letzten Monate.

Wer viel Datenverkehr hat, fährt am besten, wenn er ein Abo mit einem Festpreis für eine bestimmte Datenmenge löst. Die Provider bieten hier die unterschiedlichsten Preismodelle an. Bis zu diesem Limit ist das Herunterladen von Daten inbegriffen, wird es überschritten, besteht die Gefahr, dass die Kosten – ohne Vorwarnung – deutlich höher ausfallen.

Als Faustregel hat die Zeitschrift Saldo diese Datenmengen errechnet:

■ 1 E-Mail mit viel Text (3000 Zeichen, entspricht etwa einer A4-Seite): 10–20 Kilobyte.
■ 1 Website: 150–300 Kilobyte.
■ 1 Spiel herunterladen: 500 Kilobyte bis 1 Megabyte.
■ 1 MP3-Song herunterladen: 4–5 Megabyte.

Zu beachten ist weiter, dass die normalen Angebote nur in der Schweiz gelten. Das heisst, wer im Ausland über das Mobilgerät Daten transferiert, zahlt viel mehr, bei Swisscom, Orange und Sunrise sind es ungefähr 15 Franken pro Megabyte. Das heisst, dass das Aufrufen nur einer Website schon ein paar Franken kosten kann.

Allerdings bieten die Telefongesellschaften für Auslandsaufenthalte spezielle Pakete an, erkundigen Sie sich bei Ihrem Anbieter.

bleibt auf dem fremden Computer nichts davon übrig.

■ Dann haben sich Angebote breit durchgesetzt, bei denen man auf irgendeinem Server im Web Speicherplatz zur Verfügung hat, auf dem man eigene Dokumente ablegen und wiederum von jedem beliebigen Computer aus bearbeiten kann. Dafür stellen – oft dieselben – Anbieter auch gleich die nötigen Werkzeuge zur Verfügung, sodass man sich um das Textverarbeitungs-, Rechnungs- oder Adressverwaltungsprogramm keine Sorgen zu machen braucht, zum Beispiel Googles «Text und Tabellen» (siehe Seiten 125 und 134).

Der mobile Zugang ist heute technisch kein Problem mehr

Die Frage ist somit heute nicht mehr: Wie gelange ich von irgendwoher ins Internet?, sondern: Welche Zwecke soll mein mobiler Zugang erfüllen? Und wie viel will oder kann ich dafür ausgeben?

Für Telefonate, SMS-Kommunikation und gelegentliches Surfen genügt ein Handy. Wer öfter Nachrichten oder Notizen schreibt oder viele Termine in den Kalender einträgt, wählt mit Vorteil ein Smartphone mit einer richtigen Tastatur.

Wer Videos anschauen beziehungsweise wer unterwegs TV-Sendungen verfolgen will, sollte sich für ein Gerät mit mindestens einem 4-Zoll-Bildschirm entscheiden, noch besser ist eine Bildschirmdiagonale von 7 Zoll.

Wer Textdokumente bearbeiten und mit anderen austauschen muss, wer viel schreibt, wer regelmässig im Web surfen oder recherchieren muss, braucht einen richtigen Computer mit Tastatur und Bildschirm. Doch auch diese sind in letzter Zeit viel mobiler geworden: Seit kurzem gibt es eine neue Kategorie von Mini-Notebooks, unter einem Kilo schwer, mit Bildschirmdiagonalen von etwa 9 Zoll, das sind etwas mehr als 20 Zentimeter oder etwa Taschenbuchgrösse.

Diese Geräte werden meist gebrauchsfertig mit einem (besonders auf deren Leistungsfähigkeit zugeschnittenen) Betriebssystem und mit den wichtigsten Anwenderprogrammen ausgeliefert, sie verfügen je nach Modell über verschiedene Netzwerkfunktionalitäten und sind ab weniger als 500 Franken erhältlich.

Diese Mini-Notebooks sind zwar nicht vollwertige Arbeitswerkzeuge, aber für die mobile Kommunikation und für das Bearbeiten von Dokumenten unterwegs sind sie allemal geeignet.

Diese Entwicklung hat aber auch die Preise der nächstgrösseren Modelle gedrückt, sodass heute (Ende 2009) Notebooks mit recht guten Leistungsdaten für deutlich unter 1000 Franken erhältlich sind.

Den eigentlichen Zugang zum Internet stellt man zum Beispiel über einen WLAN-Hotspot her, zu finden sind diese unter anderem über www.swiss-hotspots.ch, viele davon sind gratis.

Solche Hotspots gibt es allerdings nur in bewohnten Gebieten. Ausserhalb geht man über das Mobilfunknetz. Einige moderne Laptops haben ein Modem eingebaut, welches für die Datenübermittlung über schnelle Netze geeignet ist. Eine andere Möglichkeit ist ein USB-Stick, der die Funktion dieses Modems übernimmt.

Ein solches Modem wählt automatisch jeweils die schnellste Verbindung, die der entsprechende Provider zur Verfügung stellt, und wechselt, wenn man aus dessen Reichweite gerät – etwa im Zug – auf eine andere Technik. Achtung: Diese Datenübertragungen können rasch teuer werden, wer sie benützt, sollte sich vorher genau über die Kosten und über die verschiedenen Tarife informieren, siehe den Kasten auf Seite 132.

**Alternative zum Laptop I:
Web-Applikationen**

Auf dem Web stehen viele Anwendungen zur Verfügung, die ganze Programme ersetzen. Einmal mehr spielt hier Google eine starke Rolle: Der Konzern bietet bekanntlich neben der Suchmaschine viele weitere Applikationen gratis an. Darunter zum Beispiel Google Mail, eine klassische Web-Mail-Lösung, dann einen Kalender für die Terminverwaltung, eine Software zur Bildbearbeitung (Picasa), einen Übersetzungsservice und vor allem eine Textbearbeitung und eine Tabellenkalkulation – Alternativen etwa zu Microsofts Word und Excel (siehe auch den Abschnitt «Google ist viel mehr als nur die Suchmaschine» auf Seite 124).

Wohlverstanden, diese Programme muss man nicht kaufen und auf seinen Computer laden, sie sind auf Google-Servern installiert, und man greift als Benutzer über das Internet auf diese Funktionalitäten zu und erstellt und speichert die Dokumente auch auf Google-Servern. Dafür stellt Google gleich auch noch üppig Speicherplatz zur Verfügung, Ende 2009 waren es allein für Mails über 7 Gigabyte – gratis.

Auch verschiedene andere Sites wie Zoho (www.zoho.com) oder Thinkfree (www.thinkfree.com) bieten diese Funktionalitäten an. Andere Sites wie Direct Box (www.directbox.com) oder Day by Day (www.daybyday.de) bieten

134

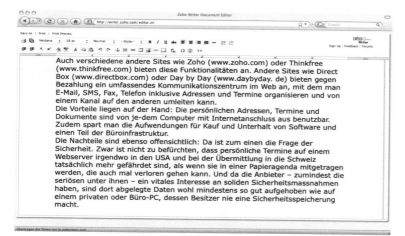

Das Programm im Internet: Auf www.zoho.com kann man über den Browser Texte erfassen, bearbeiten und gestalten wie in einem Texttrogramm

gegen Bezahlung ein umfassendes Kommunikationszentrum im Web an, mit dem man E-Mail, SMS, Fax, Telefon inklusive Adressen und Termine organisieren und von einem Kanal auf den anderen umleiten kann.

Die Vorteile liegen auf der Hand: Die persönlichen Adressen, Termine und Dokumente sind von jedem Computer mit Internetanschluss aus benutzbar. Zudem spart man Kosten und Aufwand für Kauf und Unterhalt von Software und sogar einen Teil der Büroinfrastruktur.

Web-Applikationen haben auch einige Nachteile

Die Nachteile sind ebenso offensichtlich: Da ist zum einen die Frage der Sicherheit. Zwar ist nicht zu befürchten, dass persönliche Termine auf einem Webserver irgendwo in den USA und bei der Über-

mittlung in die Schweiz tatsächlich mehr gefährdet sind, als wenn sie in einer Papieragenda mitgetragen werden, die auch mal verloren gehen kann. Und da die Anbieter – zumindest die seriösen unter ihnen – ein vitales Interesse an soliden Sicherheitsmassnahmen haben, sind dort abgelegte Daten wohl mindestens so gut aufgehoben wie auf einem privaten oder Büro-PC, dessen Besitzer nie eine Sicherheitsspeicherung macht.

Allerdings sollte man sich sehr gut überlegen, ob man solche persönlichen oder beruflichen – eventuell durchaus heiklen – Dokumente einem solchen Server beziehungsweise Unternehmen anvertraut (auch dazu mehr im Abschnitt über Google im Kapitel 8). Sensible Dokumente sollte man auf jeden Fall verschlüsseln, dazu eignet sich zum Beispiel das Programm Pretty Good Privacy

Oft scheitert es am Detail: Wer mit dem Computer und anderen Elektrogeräten auf Reisen ist, braucht einen Stromanschluss mit dem richtigen Stecker. Und wer das Computer-Modem an ein Telefonnetz anschliessen will, braucht ebenfalls die passende Verbindung.

Denken Sie also vor der Reise an die kleinen Dinge, die Sie möglicherweise unterwegs benötigen werden:

Telefonstecker für die guten alten Analogmodem-Verbindungen. Im Ausland, zum Beispiel im Hotel, vielleicht noch die einzige Möglichkeit. Die meistverbreiteten sind die kleinen eckigen, welche gar nicht wie eigentliche Stecker aussehen und mit einer federnden Zunge in der Dose festgehalten werden (sogenannte Westernstecker oder RJ11-Stecker). Sie sind an Modems und auch an neuen Festnetztelefonen zu finden. Die grösseren eckigen Telefonstecker (sogenannte Reichle-Stecker, oft mit grünen Markierungen), die in der Schweiz häufig für Telefonanschlüsse an der Wand genutzt werden, können in anderen Ländern nicht verwendet werden.

Wenn Ihr Notebook WLAN-fähig ist, vergessen Sie das **Ethernetkabel** nicht. Hotels oder Ferienwohnungen haben oft schnelle Internetanschlüsse, aber möglicherweise kein drahtloses Netzwerk, dann brauchen Sie dieses Kabel.

Stromversorgung: Denken Sie an den passenden Stromstecker. Denken Sie aber auch daran, dass in anderen Ländern das Netz eine andere Spannung haben kann (Nordamerika: 110 statt 220 Volt). Viele neue Netzgeräte schalten allerdings automatisch auf die richtige Spannung um – vergewissern Sie sich am besten vor der Reise!

Alternative Stromversorgung: Die Akkus von Handys, PDAs oder anderen Geräten mit schwächerer Leistung können über den Computer aufgeladen werden, zum Beispiel über den USB-Anschluss. Selbstverständlich muss der Computer dazu eingeschaltet sein. Schliesslich gibt es für diese Kleingeräte auch Adapter, mit denen die Akkus durch eine handelsübliche Batterie aufgeladen werden können. Und für alle Fälle sind auch solar- und handbetätigte Ladegeräte erhältlich.

Diese Stecker und Adapter sind im Fachhandel erhältlich; Spätentschlossene finden sie auch an den Flughäfen oder sogar im Flugzeug.

Wenn Sie **im Flugzeug** mit dem Notebook arbeiten wollen, erkundigen Sie sich bei der Fluggesellschaft nach Möglichkeiten der Stromversorgung.

Beim Reisen ist es besonders wichtig, die **Daten zu sichern.** Ein USB-Stick bietet genügend Platz für die meisten Bedürfnisse, andernfalls – etwa wenn Sie Fotos sichern wollen – bietet sich eine externe Festplatte an, am besten eine, die über den USB-Anschluss mit Strom versorgt wird und deshalb kein eigenes Netzteil benötigt.

Ebenfalls zu empfehlen ist, die **Daten zu verschlüsseln**. Moderne Betriebssysteme haben eine entsprechende Funktion bereits eingebaut, andernfalls bieten sich zusätzliche Programme wie Truecrypt (www.truecrypt.com, verschlüsselt Festplatten oder Partitionen) oder Pretty Good Privacy (www.pgp.com, verschlüsselt Dateien) an.

(www.pgp.com), das Dateien verschlüsselt.

Und was man nicht vergessen sollte: Der rasche Blick in die Agenda oder das Nachschlagen einer Adresse mag auch aus einem Internetcafé in den südamerikanischen Anden kein wirkliches Problem darstellen. Ob aber dort allerdings auch die richtige Atmosphäre für die ausführliche Bearbeitung von vertraulichen Geschäftsdokumenten herrscht, ist eine andere Frage.

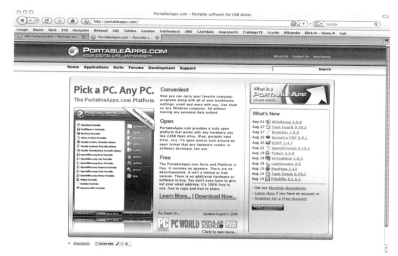

Gratisprogramme für USB-Sticks: Auf Portableapps.com lässt sich Software für Text- und Bildbearbeitung, aber auch ein Browser herunterladen.

Alternative zum Laptop II: USB-Sticks

Es klingt ziemlich verlockend: Man trägt einen nur etwa feuerzeuggrossen USB-Stick mit sich, und wenn man arbeiten will, steckt man diesen an irgendeinen beliebigen Computer, lädt vom Stick die zu bearbeitenden Dokumente und die dafür nötigen Programme, findet damit seine gewohnte Arbeitsumgebung vor, und wenn man die Arbeit erledigt hat, entfernt man den Stick und steckt ihn wieder in die Tasche. Auf dem Computer bleibt nichts von der Arbeit zurück.

Diese Sticks kosten je nach Kapazität nur gerade 20 bis 50 Franken, mit vorinstallierter Software sind sie etwas teurer. Diese aber lässt sich auch nachträglich gratis herunterladen, etwa bei Portable-Apps (http://portableapps.com). Dort gibt es zum Beispiel eine Textverarbeitung Abi-Word, die auch Microsoft-Word-Dokumente bearbeiten kann, einen Firefox-Browser zum Surfen oder die Bildbearbeitungssoftware Gimp.

Andere Sites, auf denen man solche Software findet, sind etwa www.winpenpack.com oder www.lupopensuite.com. Mac-Benutzer werden bei www.freesmug.org ▶ OSX Portable Apps fündig.

Was alles sonst noch mobil möglich ist

Da immer mehr Menschen Notebooks besitzen und diese auch

SPRACHMAILBOX ÜBERS WEB

Im Ausland die Sprachmailbox abhören kann teuer sein oder ist eventuell gar nicht möglich, etwa in Nordamerika, wo die bei uns gebräuchlichen Handys nicht funktionieren. Allerdings gibt es auch die Möglichkeit, dies über einen Computer mit Internetanschluss zu tun. Erkundigen Sie sich bei Ihrem Anbieter.

(fast) immer mit sich herumtragen, sind alle Funktionen, die die Computer bieten, auch unterwegs verfügbar – zumindest wenn das Notebook über einen Internetzugang verfügt.

Das heisst, Fernsehen und Radiohören ist über Computer überall möglich, wo man ins Netz kommt. Allerdings ist dies vor allem dann sinnvoll, wenn man über ein kostenloses WLAN online geht oder wenn man ein Abonnement mit einer grossen inbegriffenen Datenmenge hat – auf einem Notebook über eine teure gebührenpflichtige Telefonverbindung Radio zu hören ist ziemlich absurd, wenn man die gleiche Radiostation auch mit einem richtigen Radio für ein paar Franken empfangen könnte.

Eine andere wichtige Online-Funktionalität, die zwar technisch mit dem Internet nichts zu tun hat, ist das Satellitennavigationssystem GPS. Sie ist auf immer mehr mobilen Geräten integriert, funktioniert aber mit Signalen von Satelliten. Allerdings wird GPS oft mit eigentlichen Internettechniken kombiniert. Etwa indem GPS-Standortbestimmungen mit Karten verknüpft werden, die über Internet aufgerufen oder heruntergeladen werden. Und es gibt Mobiltelefone, die die GPS-Navigation mit der Ortung von WLAN-Netzen verbinden, um sie zu verbessern.

10 Die eigene Website
So präsentieren Sie sich selber im Web

Wer andern etwas mitteilen will, hat es sehr einfach: Das WWW bietet die Möglichkeit, praktisch gratis seine Botschaft der ganzen Welt zugänglich zu machen. Eine eigene Site kann einfach auf jedem Computer erstellt werden, und die Provider stellen Festplattenplatz zur Verfügung, der für eine Website ausreicht.

Eine Website ist die Eigenpräsentation, Pendant zu einem gedruckten Prospekt; diejenige einer Firma enthält zum Beispiel den Geschäftsbericht, das Organigramm oder die hergestellten Produkte.

Auf einer persönlichen Homepage können Sie über sich selber erzählen, was Sie wollen. Zuallererst sollten Sie sich überlegen, was Sie mit der Site erreichen wollen, und dann für sich selber eine Skizze der Gestaltung und des Aufbaus machen. Sehen Sie sich als Muster ein paar persönliche Homepages an, welche bereits auf dem Netz sind.

INFO: PSEUDO-HOMEPAGES

Die meisten Communitys erlauben den Benutzern, Seiten mit persönlichen Angaben und Material zu eröffnen, die für andere Benutzer zugänglich sind. Das können etwa Texte, Fotos oder Videos sein. Diese Seiten entsprechen zwar dem Design der Community und können somit nur beschränkt individuell gestaltet werden, aber da sie mehr oder weniger öffentlich zugänglich sind, können sie viele Funktionen von eigentlichen Homepages erfüllen.

Die Planung der Site und der Provider-Entscheid

Daraus leitet sich dann der nächste Entscheid ab: Wo Sie diese Site speichern wollen. Dabei geht es unter anderem um den Speicherplatz: Für eine einfache Site mit Text und einzelnen Bildern reichen 100 Megabyte gut aus, wenn Sie viele Fotos, eventuell sogar in hoher Auflösung, oder Videos ablegen wollen, vergrössert sich der Speicherbedarf rasant. Achten Sie dabei auch darauf, wie viel Datenverkehr durch die Besuche auf der Site entsteht – allenfalls ist im Angebot des Providers nur eine begrenzte Datenmenge inbegriffen.

Bei der Wahl des Providers hilft die Site www.providerliste.ch. Unter dem Link ▶ Webhosting kann man nach dem geeigneten Anbieter suchen. Mit der Option «nur geprüfte» werden nur seriöse Provider mit Sitz in der Schweiz vorgeschlagen. Der Web-Speicherplatz kostet für Privatanwender 5 bis 10 Franken pro Monat.

Speicherplatz und Werkzeuge sind gratis zu haben

Einige Provider bieten den Speicherplatz gratis an, hier finden Sie Adressen: www.tiptom.ch ▶ Auflistung von Webspace-Providern ▶ Gratis-Webspace. Oft stellen Provider auch einfach zu bedienende Werkzeuge zur Verfügung, mit denen man – allerdings eher einfache – Sites selber erstellen kann, meist mit vordefinierten Schablonen. Bei Gratisangeboten kann man allerdings oft die Adresse nicht frei wählen, beziehungs-

weise steht vor oder hinter dem ge-
wählten Namen noch der Name
des Anbieters, zum Beispiel lautet
die Adresse so: http://fritzmeier.
elf24. de oder www.gratis-webser-
ver.de/fritzmeier. Und vor allem
sollte man die Bedingungen genau
lesen: Möglicherweise wird verlangt, dass man auf jeder Seite ein
Werbebanner platziert, oder man
darf keine kommerziellen Homepages erstellen. Auch bieten Gra-
tisprovider meist weniger Support
als kostenpflichtige.

**Was Sie alles brauchen, um
die eigene Webseite zu bauen**
Wenn der Provider, bei dem man
seine Site hostet, ein Werkzeug für
die Erstellung zur Verfügung stellt,
sollte man sich dieses genau anschauen, denn gerade Anfänger
können damit zwar nicht ausgefal-
lene, aber immerhin ansprechen-
de Resultate erzielen.

Für anspruchsvollere Gestaltun-
gen eignen sich sogenannte Web-
Editoren. In diesen lassen sich
Webseiten in einer dem Endpro-
dukt zumindest ähnlichen Umgebung ohne technische Kenntnisse
mit Maus und Tastatur erstellen.
Das Programm übersetzt dann diese Seiten in die eigentliche Programmiersprache HTML (siehe
Kasten auf Seite 12).

Dafür gibt es Freeware- oder
Shareware-Programme, welche
Sie auf dem Internet finden, etwa
den HTML Editor Phase 5 bei
www.qhaut.de, Arachnophilia, bei

Nicht gerade ein Kunstwerk, aber eine eigene Homepage, und dank Vorlagen
in wenigen Minuten erstellt bei www.elf24.de

10
**Die eigene
Website**

www.arachnoid.com ▶ CareWare/
Java oder Nvu bei www.nvu-com-
poser.de. Die letzteren beiden Programme bieten so viele Möglichkeiten, dass sie schon fast für den
professionellen Gebrauch geeignet sind (siehe auch den Kasten
unten).

**Kommerzielle Programme
lassen keine Wünsche offen**
Ein kommerzielles Programm, das
auch sehr anspruchsvolle Arbeiten
erlaubt, ist Adobe Dreamweaver.
Es kostet rund 800 Franken, eine
Testversion kann hier heruntergeladen werden: www.adobe.de ▶
Downloads ▶ Testversionen. Ein
anderes professionelles Programm ist Microsoft Expression,
es kostet ebenfalls rund 800 Franken und ist auch in einer Testversion erhältlich: www.microsoft.
com/germany/expression.

Weiter benötigen Sie ein Programm für die Bildbearbeitung: Bilder fürs Web werden mit Vorteil in
der dafür bestgeeigneten Auflösung und Kompression abgespeichert. Weitere Informationen über
den Umgang mit Bildern und die
Verweise auf Bildbearbeitungspro-
gramme finden Sie im Kapitel 6 ab
Seite 78.

Wichtig ist bei der Arbeit, dass
man eine sinnvolle Dateistruktur

INFO: GRATISPROGRAMME FÜR HOMEPAGES

Die Zeitschrift Saldo hat 2008 drei
Gratisprogramme für das Erstellen
von Websites getestet:

Kompozer: Dieser Web-Editor be-
sticht durch eine aufgeräumte Benut-
zeroberfläche. Im Menü finden sich
nur die wichtigsten Funktionen. Wer
häufig Textverarbeitungs-Software benutzt, sollte mit den grundlegenden
Funktionen klarkommen, denn die
Darstellung erinnert stark an Office-
Anwendungen.

Einfach lassen sich Textgrössen ändern, Tabellen oder Bilder einfügen
sowie Links einsetzen. Schwieriger
wird es, wenn man besondere Effek-
te verwenden will: Soll sich ein Bild
auf der Seite ändern, wenn man mit
dem Mauszeiger darüberfährt, muss
man einige Programmierkenntnisse
mitbringen.

Gute Hilfefunktion, die ergänzt wird
durch ein Forum für die Beantwortung
von schwierigeren Fragen. Erhältlich
ist das Programm für Windows, Mac
und Linux unter http://kompozer-
web.de.

SeaMonkey: Ähnlich zu bedienen
wie Kompozer, beide Editoren basieren auf der Browser-Software Mozilla.
Im Saldo-Test erwies sich der Sea-
Monkey-Editor allerdings als wenig
stabil. Bei www.seamonkey.at.

DFM2HTML-Editor: Für viele Effek-
te ist er deutlich einfacher zu bedienen als Kompozer. HTML-Kenntnisse
sind hier keine nötig. Eine grosse
Zahl von Beispiel-Vorlagen erleichtert
zusätzlich die Gestaltung.

Nachteile: Die Bedienung ist wenig
intuitiv, deshalb ist dieser Editor für
Anfänger weniger geeignet. Schwa-
che Hilfefunktion, die Vorlagen werden schlecht erklärt. Ausserdem
verwendet der Editor ein eigenes Da-
teiformat – was heisst, dass man bereits existierende HTML-Seiten damit
nicht öffnen kann. Nur für Windows
erhältlich. Download unter der Adresse www.dfm2html.com.

wählt – und diese dann komplett auf den Server kopiert. Andernfalls fehlen nach der Veröffentlichung im Netz plötzlich Fotos und Grafiken. Für den Transport auf den Server benötigen Sie ein FTP-Programm wie WS_FTP (für Windows, gratis erhältlich unter anderem bei download.freenet.de) oder Cyberduck (für Mac, gratis bei http://cyberduck.ch).

Vor der Veröffentlichung sollten Sie die Site mit verschiedenen Browsern testen, denn die Resultate sehen darin unterschiedlich aus.

Im Web finden sich gute Anleitungen zum Selberbauen
Wenn Sie mehr wissen wollen über die Gestaltung von Seiten, finden Sie auf www.selfhtml.de umfassende Informationen mit allgemeinen Informationen, einem Forum und ausführlichen Tutorials zu den verschiedensten Techniken wie HTML und CSS, Java/JavaScript, CGI & Perl, PHP, Flash und einigen anderen.

Ein Tipp zum Schluss: Surfen Sie im Web und sehen Sie sich um, was die Konkurrenz macht – also wie andere Private und Firmen ihre Sites gestalten. Falls Sie dabei an Ihren gestalterischen Fähigkeiten zweifeln, suchen Sie nach den schlechten Beispielen, um sich wieder zu motivieren, zu finden etwa bei www.webpagesthatsuck.com, wo Sie feststellen werden, dass auch Grossunternehmen mit viel Geld oft nur mickrige bis lächerliche Auftritte im WWW zustande bringen: In der Rangliste

TIPP: DER PASSENDE NAME

Damit eine Homepage unter einer bestimmten Adresse erreichbar ist, muss man diese anmelden. In den meisten Fällen übernimmt dies der Provider, bei dem man den Speicherplatz mietet. Wer dies selber tun will, kann für die Länderdomains der Schweiz und Liechtensteins (.ch und .li) bei der offiziellen Registrierungsstelle Switch (www.switch.ch) zuerst prüfen, ob die gewünschte Domain noch nicht besetzt ist, und in diesem Fall für 17 Franken im Jahr sichern. Allerdings gibt es auch günstigere Anbieter, etwa http://metanet.ch ▶ Services ▶ Domain Service.

Achtung: Vermeiden Sie Namen von Handelsmarken, bekannten Unternehmen oder Prominenten. Ansonsten drohen schnell juristische Scherereien – auch wenn die Domain mickjagger.ch noch frei ist, werden Sie damit wohl nicht lange unbehelligt bleiben. Ebenfalls tabu sind Bezeichnungen von staatlichen Einrichtungen oder Städtenamen.

von 2009 stehen ziemlich weit oben so renommierte Unternehmen wie die Harvard-Universität, Xerox oder der Modekonzern Hermès!

Sorgen Sie dafür, dass Ihre Site auch gefunden wird
Da heute die allermeisten Suchen über Google passieren und da Google Seiten unter anderem danach gewichtet, wie viel Verkehr sie erzeugen, werden Sie mit einer Site «www.hugomeier.ch», auf der sie ein paar persönliche Fotos und Ferienerinnerungen veröffentlichen, kaum weltberühmt werden. Für kommerzielle Angebote ist es auf jeden Fall zu empfehlen, in den sogenannten Meta-Tags möglichst viele und die richtigen Schlüsselworte unterzubringen (siehe auch Seite 44).

Um Ihnen den Einstieg ins Web zu erleichtern, führen wir hier ein paar Sites auf, die als Wegweiser dienen können.

In diesem Buch finden Sie die wichtigen Links zu den behandelten Themen jeweils gleich im Text. Zusätzlich führen wir hier ein paar weitere Links auf, welche meist nicht direkt mit den Kapiteln des Buches zu tun haben.

Bei der Auswahl haben wir uns in erster Linie auf Sites aus der Schweiz und aus dem deutschsprachigen Raum konzentriert, und die Liste ist keineswegs in irgendeiner Weise vollständig.

INTERNET UND COMPUTER

Informationen über **Provider**
www.providerliste.ch
www.teltarif.ch ▶ Internet
Preisvergleich
www.comparis.ch ▶
Kommunikation ▶ ADSL & TV

Einzelne Provider
Swisscom
www.swisscom.ch ▶ Privatkunden
▶ Internet
Green.ch
www.green.ch ▶ Internet
Sunrise
www.sunrise.ch ▶ Privatkunden ▶
Internet

Den Zugang über TV-Kabel bietet
Cablecom
www.cablecom.ch ▶ Internet

Switch ist die Firma, welche in der Schweiz für die Vergabe von **Domainnamen** zuständig ist
www.switch.ch

Die Links zu den entsprechenden Stellen in den **anderen Ländern** finden Sie hier:
www.iana.org ▶ Database of Top Level Domains

Domainnamen kann man auch über kommerzielle Firmen registrieren lassen, eine Liste bietet die ICANN hier an
www.icann.org ▶ Registrars and Registrants ▶ Accredited Registrars

Allgemeine Informationen
Über Visualroute finden Sie heraus, wo ein **Server stationiert ist**
www.visualroute.ch

Internetglossare
www.zeix.ch ▶ Lexikon
www.tigerweb.de ▶Internet-Glossar
www.internet4jurists.at ▶ Begriffe von A bis Z

Alles über die **Erstellung von Websites** mit umfassenden Informationen, einem Forum und ausführlichen Tutorials zu den verschiedensten Techniken wie HTML und CSS, Java/JavaScript, CGI & Perl, PHP, Flash und anderen:
www. selfhtml.de

Das **Internet für Kinder** erklärt – das ist die ideale Site für erwachsene Einsteiger. Von der deutschen TV-Sendung mit der Maus:

www.wdrmaus.de ▶
Sachgeschichten ▶ Internet
http://de.teachtoday.eu ist eine
Site **für Lehrer, Eltern** und andere,
die wissen wollen, wie die modernen Informationstechniken und
-mittel funktionieren. Und die die
Kinder und Jugendlichen befähi-
gen wollen, damit vernünftig und
verantwortungsbewusst umzuge-
hen. Mit verschiedenen 60-Sekun-
den-Guides, die einem knapps-
tens die wichtigsten Dinge über Video-Communitys, Blogs, Foren und
andere Internetanwendungen erklären.

E360 (Entertainment 360) bietet
**Rat im Umgang mit Unterhal-
tungselektronik und Multimedia-
computern.** Man kann auch direkt
Fragen stellen. Die Site wird betrieben von der Abteilung elektronische Medien des Ringier-Ver-
lags. www.e360.ch

Computermagazine online
www.onlinepc.ch
www.pctipp.ch
www.netzwoche.ch

Sites mit umfassenden Informationen über Computer.
www.zdnet.de, www.heise.de

Links zu **Suchmaschinen, Lexika
und Datenbanken** im Internet und
Informationen darüber auf
www.at-web.de

Internetsicherheit
Ein Lexikon der wichtigsten Begrif-
fe rund um die **Sicherheit im E-
Banking** finden Sie bei der Raiff-

eisen-Bank. www.raiffeisen.ch ▶
E-Banking ▶ Sicherheit

Die nationale Koordinationsstelle
zur **Bekämpfung der Internet-Kri-
minalität** (KOBIK) ist die zentrale
Anlaufstelle für Personen, die verdächtige Internetinhalte melden
möchten. Die Meldungen werden
nach einer ersten Prüfung den
Strafverfolgungsbehörden weitergeleitet. www.cybercrime.ch

Die **Website des Bundes** Melani
bietet viele Informationen rund um
die Computersicherheit, unter anderem unter dem Link > Dienstleistungen Checklisten zur Konfiguration von Windows XP und Mac
OS X. www.melani.admin.ch
Auf www.edoeb.admin.ch ▶ Themen ▶ Datenschutz ▶ Internet pu-

11
Links

145

bliziert der Eidgenössische Datenschützer juristische Informationen und allgemeine Tipps.

Unter www.datenschutzzentrum.de ▶ Selbstdatenschutz finden Sie Informationen und Hinweise, wie Sie Ihren **Datenschutz selbst in die Hand nehmen** können.
Auch auf www.bsi-fuer-buerger.de vom deutschen Bundesamt für Sicherheit in der Informationstechnik und www.computerbetrug.de sind viele Informationen zur **Computersicherheit** zu finden.

Die Stadt Zürich hat 2008 die Kampagne «Schau genau!» gestartet, mit der sie auf die Gefahren aufmerksam machen will, denen Kinder und Jugendliche in den neuen Medien ausgesetzt sind. Sie soll einerseits den Jugendlichen aufzeigen, wie sie sich im Netz vor **Übergriffen durch Pädokriminelle** schützen können und wo sie Hilfe erhalten. Anderseits will sie Eltern und Öffentlichkeit für das Thema sensibilisieren und bei der Arbeit mit Jugendlichen in diesem Bereich unterstützen.
www.schaugenau.ch

Auf der Site des **Datenschutzbeauftragten des Kantons Zürich** finden sich weitere Hinweise, vor allem auch für Betreiber von Netzwerken, etwa Büro- oder Kleinfirmennetzen: www.datenschutz.ch. Securityfocus, eine von der Herstellerin der Sicherheitssoftware **Symantec** betriebene Site, informiert ebenfalls umfassend und aktuell über Sicherheitsfragen: www.

securityfocus.com (auf Englisch). Und hier können Sie Ihren PC auf seine Sicherheit **testen lassen:** http://seccheck.onsite.ch

Informationen über **Viren und Hoaxes** finden Sie unter www.tu-berlin.de ▶ Service ▶ Informations- & Kommunikationstechnik ▶ Gut zu wissen

Links zu **Suchmaschinen, Lexika und Datenbanken** im Internet finden sich auf www.at-web.de

INFORMATIONEN ÜBER DIE SCHWEIZ

Die Site Guichet Schweiz will ein aktuelles Verzeichnis **aller offiziellen Verwaltungs-Homepages** bieten. Zu finden unter der Adresse www.guichet-schweiz.ch

Das Schweizer Portal ch.ch ist laut Eigenbeschrieb die **nationale Einstiegsseite der Schweiz**. Es ist die elektronische Visitenkarte der offiziellen Schweiz und der zentrale Eingang zu den Online-Informationsites von Bund, Kantonen und Gemeinden in den Sprachen Deutsch, Französisch, Italienisch, Rätoromanisch und Englisch.
www.ch.ch

Bundesamt für Statistik
www.bfs.admin.ch

Der **Wirtschaftsdachverband Economiesuisse** publiziert auf seiner Site viele Zahlen und Daten zu den verschiedensten Themen:

www.economiesuisse.ch ▶ Themen

Informationen über die Schweiz auf Englisch, zur Verfügung gestellt vom Soziologischen Institut der Universität Zürich
http://socio.ch

Gesetze
Systematische Sammlung des **Bundesrechts**
www.admin.ch ▶ Bundesgesetze sowie
www.gesetze.ch

Alles über **AHV, IV** und die anderen Sozialversicherungen des Bundes
www.ahv.ch

Die Site der Schweizer **Armee**
www.armee.ch

Site der christlichen **Kirchen** der Schweiz
www.kirchen.ch

Die Site der Schweizer **Bauern**
www.landwirtschaft.ch

POLITIK UND VERWALTUNG

www.admin.ch ist das **Portal des Bundes,** die Departemente sind mit dem vorangestellten Kürzel zu erreichen

Die Site des **Parlaments**
www.parlament.ch

Kantone
Alle **Kantone** erreicht man über die Eingabe des Autokennzeichens mit www. und .ch, also zum Beispiel Aargau www.ag.ch, Neuenburg www.ne.ch, Wallis www.vs.ch

Swisspoll ist eine Site, auf der jeder und jede eine eigene Meinungsumfrage starten kann, die Palette reicht von «Wie finden Sie die Lautstärke im Kino» bis zu «Finden Sie, dass die Bauern zu wenig für ihr Einkommen arbeiten?»
www.swisspoll.ch

Parteien
EVP, Evangelische Volkspartei
www.evppev.ch
FDP, Freisinnig-Demokratische Partei der Schweiz
www.fdp.ch
GPS, Grüne Partei der Schweiz
www.gruene.ch
SVP, Schweizerische Volkspartei
www.svp.ch
SP, Sozialdemokratische Partei der Schweiz
www.sp-ps.ch
Liste des Eidgenössischen Parlamentsdienstes mit einer Übersicht über die **Schweizer Parteien**
www.parlament.ch ▶ Schnell zugriff Linkportal ▶ Parteien
Informationen des GfS-Forschungsinstituts über **Wahlen** und **Abstimmungen**
www.polittrends.ch

MEDIEN

Praktisch alle **Zeitungen und Zeitschriften** sind heute auf dem WWW abrufbar. Sie sind meist unter www.titel.ch zu finden, also zum

Beispiel www.k-tipp.ch, www.blick
.ch, www.jungfrau-zeitung.ch
In «Zeitungen», die nur auf dem
Internet existieren, sind oft interessante Artikel zu lesen, die
die etablierten Medien später
aufgreifen müssen. Ein Beispiel
ist «Onlinereports, das unabhängige Newsportal der Nordwest-
schweiz»: www.onlinereports.ch

Fernsehen DRS ist hier zu finden:
www.sf.tv Das **Programm** dazu liefert www.fernsehen.ch

Swissinfo von Schweizer Radio
International hat den früheren
Kurzwellen-Radiodienst abgelöst.
Das Resultat ist ein umfassendes
und aktuelles Informationsange-
bot in verschiedenen Sprachen
www.swissinfo.org

Teletext gibt es auch auf dem Web
www.swisstxt.ch

ALLTAG

Der **SBB-Fahrplan** ist ein Klassiker: www.sbb.ch
Man kann nicht nur Verbindungen
nachschauen, sondern auch Bil-
lette auf dem eigenen Drucker
ausdrucken und unter dem Link
▶ Reisen ▶ Fahrplan ▶ Fahrplan für
unterwegs den Städtefahrplan
oder persönliche Fahrpläne für bestimmte Strecken für das Handy
herunterladen.

Telefonbücher
Das offizielle Verzeichnis der
Schweizer Privatadressen, sehr

vollständig und aktuell, findet sich
auf
www.directories.ch
Ein privates Angebot, nicht immer
auf dem neuesten Stand, aber
schnell und einfach zu bedienen
www.tel.search.ch
Telefonbücher International
www.infobel.com

Ortspläne, Luftbilder
Möchten Sie mal sehen, wie Ihr
Haus von oben aussieht? Oder
brauchen Sie für den Besuch bei
der Freundin einen Anfahrtsplan?
Kein Problem. Praktisch die ganze
Schweiz ist als **digitalisierte Karte** im Internet abrufbar, in verschiedenen Darstellungen, eben
als Luftbild oder Karte. Etwa bei
http://map.search.ch
oder bei
www.swissgeo.ch
Die ganze Welt anschauen kann
man bei
http://maps.google.com und
www.expedia.com ▶ Maps
Google Maps enthält verschiedene attraktive Zusatzfunktionen,
so die umstrittenen Street Views,
Foto-Ansichten, mit denen man
wie per Auto durch die Strassen
fahren und die Umgebung betrachten kann. Dann viele Links
auf von Benützern eingestellte
Fotos und Videos, auf Webcams
und auf Wikipedia-Artikel.

FRAUEN

Die Vielfalt der **Frauenprojekte** in der Schweiz bekannter, die Informationen vielen zugänglich zu machen, ist der Anspruch von
www.fembit.ch

Das **Eidgenössische Büro für die Gleichstellung** von Mann und Frau ist hier zu finden
www.equality-office.ch
und das der Schweizerischen **Konferenz der Gleichstellungsbeauftragten** hier
www.equality.ch
Die Site des **Unternehmerinnenverbandes** mit Informationen für Frauen im Berufsleben
www.frauen-unternehmen.ch

KINDER UND JUGENDLICHE

Die Zeitschrift «**Spick**» bietet auch am Computer viel Interessantes und Nützliches: www.spick.ch
Unter dem Link ▶ Community ist das neue Community-Portal zu finden, wo Kinder untereinander kommunzieren und Texte, Fotos und Videos veröffentlichen können.

Portal für Kinder, Jugendliche und Eltern
www.kidscat.ch

Jugendliche, die ihren Körper und ihre Sexualität entdecken, finden auf der Site der **Zürcher Fachstelle für Sexualpädagogik**
www.lustundfrust.ch
wichtige Informationen

Schule, Bildung
Der schweizerische **Bildungsserver** mit vielen Informationen rund um Schule und Bildung. Auftraggeber sind das Bundesamt für Berufsbildung und die Erziehungsdirektorenkonferenz
www.educa.ch

Der **Bildungsserver** der Pädagogischen Hochschule Thurgau bietet viele Materialien für den Unterricht an unter
http://bildungsserver.phtg.ch

Site der Schweizer **Universitäten**
www.swissuni.ch
Informationen und Dienstleistungen für Studentinnen und Studenten findet man unter
www.students.ch
Die Site des Schweizerischen **Verbands für Weiterbildung**
www.alice.ch

Viele **Lernhilfen** mit Hinweisen auf andere Sites
www.lernen-mit-spass.ch

Beratung
Für **Kinder**, die Probleme – zum Beispiel mit ihren Eltern – haben, gibt es das Sorgentelefon
www.sorgentelefon.com
Für **Eltern**, die Probleme mit ihren Kindern haben
www.elternnotruf.ch

Pro Juventute
www.projuventute.ch
Für Familien
www.profamilia.ch
Für Ältere
www.prosenectute.ch

GESUNDHEIT

Medgate wird getragen von verschiedenen Organisationen aus dem Gesundheitsbereich und arbeitet zusammen mit Krankenkassen und dem Bundesamt für Gesundheit. Das Portal bietet Information und **Beratung per Internet und Telefon.**
www.medgate.ch

Das **Informationsportal für Fachleute** mit vielen Links (einiges in Englisch)
www.tellmed.ch

Sites mit **leicht verständlichen Informationen** zu Gesundheit und Medizin für Konsumenten.
www.sprechzimmer.ch
www.medizin.ch

Über **Natur- und Komplementärmedizin** informiert
www.gesund.ch

Stellvertretend für viele Organisationen aus dem Gesundheitsbereich die Site der **Aidshilfe** Schweiz
www.aids.ch

Für Leute, die sich für ihre **Gesundheit** interessieren, bevor sie krank werden
www.getwellness.ch

Suche nach **Apotheken**
www.aponet.ch

UMWELT

Stellvertretend für die Sites der Umweltorganisationen
www.greenpeace.ch
www.heimatschutz.ch

E-COMMERCE UND WIRTSCHAFT

Einkaufen
Lebensmittel und Alltagsartikel gibts bei den beiden Grossen:
www.coopathome.ch
www.migros.ch ▶ Online Shops
Einkaufen und dabei gleichzeitig für eine **Hilfsorganisation** spenden kann man bei
www.beneclick.ch

Blumen bei
www.fleurop.ch

Und wenn Sie sich das Essen lieber ans Sofa bringen lassen, finden Sie hier eine Liste der **Hauslieferdienste**
www.cleoo.ch

Bei Codecheck können Sie anhand des **Strichcodes** Informationen über Produkte erhalten:
www.codecheck.ch

Bücher
Die Site des Buchhändlers Orell Füssli
www.books.ch

Die wohl **erste virtuelle Buchhandlung** der Schweiz ist immer noch präsent und bietet ein gutes Angebot www.lesen.ch

Preisvergleiche unter anderem von Krankenkassen, Versicherungen, Hypotheken
www.comparis.ch

Kleinanzeigen
www.scout24.ch hat verschiedene Sites: Für Auto-Occasionen, Immobilien, Stellen, Kontaktanzeigen und allgemeine Kleinanzeigen.

Immobilien
www.immoclick.ch
www.homegate.ch
http://alle-immobilien.ch

Autos
www.autoclick.ch

Stellen
www.jobclick.ch

Die **Kleinanzeigen der gedruckten Zeitungen** finden sich auch auf den Sites dieser Zeitungen im Internet, zum Beispiel auf
www.tagesanzeiger.ch
www.bazonline.ch
www.bernerzeitung.ch
jeweils unter dem Link ▶ Marktplatz, bei
www.nzz.ch unter ▶ Marktplätze

Firmen, Banken
Wer eine **Firma** in der Schweiz sucht, findet sie unter
www.zefix.ch
sofern sie bei einem der kantonalen Handelsregisterämter eingetragen ist.

Das Entsprechende für **eingetragene Marken**: Bevor Sie eine neue Lebensmittelmarke «Heidi» auf den Markt bringen, können Sie bei
www.swissreg.ch
herausfinden, dass bereits Dutzende von «Heidis» eingetragen sind.

Firmen sind meist unter ihrem Namen mit www. davor und .ch oder .com dahinter zu finden.

Verbände, Organisationen
Die **Economiesuisse** ist der Dachverband der Schweizer Unternehmen und versteht sich als Stimme der Wirtschaft
www.economiesuisse.ch

Der Schweizerische **Arbeitgeberverband** ist der Dachverband von 60 regionalen und branchenweiten Arbeitgeberorganisationen
www.arbeitgeber.ch

Der **Gewerbeverband** versteht sich als Organisation und Interessenvertretung der kleinen und mittleren Unternehmen (KMU)
www.sgv-usam.ch

Der Schweizerische **Gewerkschaftsbund** SGB ist die grösste Arbeitnehmerorganisation der Schweiz. www.sgb.ch

Arbeitswelt, Stellen
Viele Links zum Thema **Arbeitswelt** bietet die Site
www.der-arbeitsmarkt.ch ▶ Links

Hier sind **offene Stellen** bei Bund, Kantonen, Gemeinden und öffentlichen Betrieben zu finden.
www.publicjobs.ch

Informationen über **Kurse und Seminare** aller Art
www.seminare.ch

ERNÄHRUNG UND GENUSS

Kochrezepte online von Annemarie Wildeisen
www.wildeisen.ch
weitere
www.lemenu.ch
www.das-kochrezept.de
Suchen Sie Informationen über einen bestimmten **Wein**?
www.wine-searcher.com hilft.

Weinportale
www.wein-plus.de
www.weinclub.ch

Die Site des Weinmagazins Vinum
www.vinum.info

Eine gute Adresse für Bioweine ist die Weinhandlung am Küferweg
www.kueferweg.ch

Informationen über **biologische Ernährung,** von Restaurants über Läden bis zu Organisationen
www.bio-gourmet.ch

Informationen über **alles, was bio ist,** finden Sie hier www.bionetz.ch

Informationen über gesunde Ernährung vom Verband der **Schweizer Milchproduzenten,** die Kuh Lovely aus den TV-Spots gibts als Bildschirmschoner. www.zvsm.ch
Der **Restaurantführer** «Goût Mieux» (www.goutmieux.ch) ist ein Label

für die Schweizer Gastronomie, die Wert auf natürlichen Genuss legt. Auf dieser Site lässt sich auch ein Einkaufsführer für Bio-Produkte im PDF-Format herunterladen.
Links zu **Restaurantführern** in der ganzen Schweiz finden Sie auf
www.restaurant-express.ch
Unter www.altestramdepot.ch ▶ Bier, Brauerei gibts ein ausführliche Bierlexikon.

KULTUR

Musik
Die Site der **Schweizer Musik** mit einem Diskussionsforum sowie einer umfangreichen Liste von Schweizer Musiksites und Downloads
www.music.ch
Unter ▶ Swiss Music Directory ist das nach Eigenangaben grösste und aktuellste **Verzeichnis der hiesigen Musikszene** zu finden: Einzelinterpreten und Bands, Veranstalter und weitere Akteure sind nach verschiedenen Kategorien geordnet.

Die Site zur offiziellen Schweizer **Hitparade.** www.hitparade.ch

Texte von Volksliedern aus der ganzen Welt
http://ingeb.org

Texte von Rock- und Popsongs können hier gesucht werden
www.lyricsdepot.com
www.seeklyrics.com
www.letssingit.com

Literatur

Story.ch ist eine Plattform für die elektronische Verbreitung **literarischer Werke** junger Autorinnen und Autoren, mit Kurzgeschichten, Gedichten und E-Books im PDF-Format
www.story.ch

Die Site des Verbandes **Autorinnen und Autoren der Schweiz** AdS, hervorgegangen aus der Fusion des Schweizer Schriftstellerverbands mit der Gruppe Olten
www.a-d-s.ch

Kunst

Kulturfoerderung.ch ist ein **Verzeichnis für Kulturschaffende** mit über 5000 Adressen. Es umfasst Förderadressen des privaten wie auch des öffentlichen Sektors und Adressen im Bereich kultureller Vernetzung und Kommunikation wie Auftrittsorte, Festivals, Museen, Fachpublikationen und Ateliers.
www.kulturfoerderung.ch

Architektur und Design

Der Design-Pool ist die Plattform für **zeitgemässe, progressive Gestaltung.** Ein Verzeichnis der besten Auftritte, Produkte, Konzepte
www.design-pool.ch

Site der Schweizer **Architekten**
www.schweizer-architekten.ch

FREIZEIT

Kinosites

www.outnow.ch
www.cineman.ch
www.kino.search.ch

In der **Internet-Kino-Datenbank** findet man Informationen zu sehr vielen Filmen www.imdb.com

Ausgehen

Partykalender für Junge und Junggebliebene gibts mehrere
www.tillate.ch
http://partyguide.ch
www.partynews.ch

Ausgehführer

www.events.ch

Links zu den **unabhängigen Clubs** finden Sie auf www.hugo.ch

Sport

Aktualitäten bieten die **Sites der Tageszeitungen**, soweit die Artikel nicht kostenpflichtig sind, wie
www.blick.ch
www.tagesanzeiger.ch

Die Fussballclubs findet man beispielsweise unter www.fcb.ch, www.fcz.ch, www.bscyb.ch

Billettvorverkauf

Für fast alle Veranstaltungen kann man **Tickets** bestellen bei
www.ticketcorner.ch

Chats

www.20minuten.ch ▶ Community
▶ Chat
www.chat.ch
www.citychat.ch

FERIEN UND REISEN

Ebookers bietet nach eigenen Angaben Zugriff auf 540 Airlines mit 1000 Destinationen und 1 Milliarde Tarifen, 5 Mietwagenfirmen und 23 000 Hotels
www.ebookers.ch
Last-Minute-Angebote sind etwa zu finden auf
www.lastminute.de

Die bekannten **Reisebüros** gibts auch im Internet, beispielsweise
www.hotelplan.ch
www.kuoni.ch
und für die Abenteuer-Touristen
www.globetrotter.ch

Die Site des offiziellen Schweizer Tourismusbüros **Schweiz Tourismus** findet sich hier
www.myswitzerland.com

Wer beim Reisen den **Umweltschutz** und die Situation der Menschen in den Reiseländern beachten will, kann sich hier informieren
www.fairunterwegs.org
www.zukunft-reisen.de

Und wer den CO_2-**Ausstoss** der Flugreise kompensieren will, kann hier berechnen, was das kostet
www.myclimate.ch
www.atmosfair.de

Die Informationen des Eidgenössischen Departements für Auswärtige Angelegenheiten, EDA, über **Reisen in andere Länder**
www.eda.admin.ch ▶ Reisehinweise

Das Pendant des **US-amerikanischen Aussenministeriums** finden Sie unter
www.travel.state.gov

Währungsumrechner
www.swisstours.ch ▶ Währungsrechner und
www.oanda.com
Leute, die kein eigenes Auto haben und bei jemandem mitfahren wollen oder die umgekehrt eine **Mitfahrgelegenheit** anbieten, finden sich auf
www.mitfahrgelegenheit.ch

Hotels buchen
www.hotelguide.com
www.ferien.ch

Karten und Routenplaner
Wie Sie am schnellsten und einfachsten von einem Ort zum anderen gelangen, können Sie in einem **Routenplaner** nachsehen, beispielsweise bei
www.finaroute.ch
www.viamichelin.com

Karten siehe Stichwort Ortspläne, Luftbilder auf Seite 148.

Verkehr
Site des **Touring Clubs** mit aktuellen Informationen über den Strassenzustand und über Staus
www.tcs.ch ▶ Verkehrsinfo

Die Site der **Autobranche** – Garagen, Fahrschulen und so weiter
www.autos.ch

Die Standorte von **Radarfallen** sind zu finden auf www.radar.ch

Hier können Sie per Webcam überprüfen, ob Sie vor dem Gotthard-
tunnel **im Stau stehen** werden.
http://webcam.aet.ch

Auf dieser Seite werden auf einer
Schweizer Karte **alle fahrenden
Züge der SBB** angezeigt.
www.swisstrains.ch

Und hier die **an- und abfliegenden
Maschinen** rund um den Flugha-
fen Zürich-Kloten
http://radar.zhaw.ch

Wanderer und Velofahrer
www.veloland.ch
www.tourenguide.ch
Wer Angst hat, dass sein **Velo ge-
klaut** wird, kann es gegen eine geringe Gebühr hier registrieren lassen. Wenn es gefunden wird, bekommt man ein SMS geschickt:
www.bikerefinder.ch

Wetter
Links zu Wettersites finden Sie
hier
www.meteo.ch

Das Wetter live ansehen über Webcams
www.topin.ch

Das Eidgenössische Institut für
Schnee- und Lawinenforschung
www.slf.ch

WISSEN

Allgemein
www.online-datenbanken.de: Hier
finden Sie über **360 gebührenfreie
Datenbanken** mit Informationen
zu vielen Bereichen des täglichen
Lebens.

Wer-weiss-was ist ein kostenloses
Netzwerk zum gegenseitigen Austausch von Know-how
www.wer-weiss-was.de
Ähnlich Hausarbeiten.de: Hier
stellen Leute ihre **Schul- und anderen Arbeiten** aufs Netz und damit anderen zur Verfügung
www.hausarbeiten.de

Bei www.wissen.de steht eine
grosse Menge an Lexikon-Informa-
tionen zur Verfügung, unter dem
Link Lexikonsuche kann gezielt
nach Stichworten gesucht werden.
Übersetzungen www.leo.org
ist ein guter Online-Übersetzungs-
dienst für **Deutsch, Englisch, Französisch und Italienisch.**

Urbane Legenden – wer kennt
nicht diese unglaublichen Geschichten, die einem Bekannten
einer Bekannten eines Freundes
passiert sind? Auf der englisch-
sprachigen «Urban Legends Refe-
rence Page» sind sie nachzulesen,
samt der Beurteilung, ob sie wahr
oder erfunden sind.
www.snopes.com

Hier findet man Informationen
über **die grossen Städte,** Agglo-
merationen und Länder der Welt
www.citypopulation.de

Auf den W-Akten ist **Wissen** gesammelt, **das keiner braucht**
www.w-akten.de

Computer

Auf: http://office.microsoft.com ▶ Schulungen
stellt Microsoft über 100 kostenlose Kurse für die **Office-Familie** mit Word, Excel, Outlook und Powerpoint zur Verfügung.

Für **Open Office** gibt es eine Lernseite in Englisch
www.learnopenoffice.org

RADIO UND FERNSEHEN

www.radioland.ch: Alles über **Radio in der Schweiz**, auch über Internetradio-Stationen.

www.streaming-planet.de: **Natur- und Tierfilme** des Magazins **GEO** in HDTV-Qualität.

www.getmiro.com: Eine Open-Source-Plattform für den Zugang zu vielen **TV-Sendern und zu Video-Kanälen.**

www.onlinemusicrecorder.com
www.onlinetvrecorder.com:
Hier kann man beliebige Radio- beziehungsweise Fernsehsendungen **aufzeichnen lassen** und anschliessend herunterladen.

SPASS UND SPIEL

Witzseiten

Humor ist bekanntlich Geschmackssache, aber vielleicht finden Sie hier etwas zum Lachen
www.groehl.ch
www.k-web.ch ▶ Die ultimative Humorsammlung
www.superfunpage.ch
www.mathematik.ch ▶ witze

Auf Englisch, aber dafür wirklich gut www.netfunny.com

Die **tanzenden Hamster** sind ein Klassiker
www.hampsterdance.com

Playit.ch: Nach eigenen Angaben die grösste deutschsprachige Online-Spiele-Seite **mit über 3800 Spielen,** die man gratis und ohne Anmeldung spielen kann
www.playit.ch

Zahlenlotto statt auf dem Papier am Bildschirm ausfüllen
www.swisslotto.ch

DIVERSES

Eine **digitale Postkarte** können Sie hier verschicken
www.digital-postcard.ch

Welchen Unsinn Computer in ihren **Fehlermeldungen** hervorbringen
www.moffem.de

Nicht immer ganz ernst gemeinte **Ratschläge für Männer**
www.maennerseiten.de

Vorsicht, das Lesen dieser Site kann Ihnen einige Ihrer Illusionen zerstören, denn hier wird beschrieben, **wie Zaubertricks funktionieren**
http://home.snafu.de/tilman/zauber

Die Weltzeituhr zeigt Ihnen alle **Zeitzonen**
www.weltzeituhr.com

Was war der 15. Juni 2007 für ein Wochentag? Diese und andere **Kalenderberechnungen** sind hier möglich
www.salesianer.de ▶ Kalenderberechnungen

Suchen Sie das passende **Reimwort**? Hier finden Sie es
www.2rhyme.ch

Wollen Sie Ihren Dialekt testen und herausfinden, woher Sie eigentlich kommen, fragen Sie das **Chochichäschtliorakel**
http://dialects.from.ch

Fragen, auf die es eigentlich **keine Antwort** gibt, werden dennoch beantwortet bei
www.fragenohneantwort.de

Und wenn Sie vom Lesen dieses Buches müde geworden sind, aber **Hilfe brauchen beim Schäfchenzählen,** hier finden Sie sie
www.go2sleep.be

Binärdatei: Im Gegensatz zu einer > Textdatei enthält eine Binärdatei Töne, Bilder oder Programme.

Bit: Zusammenzug von binary digit, übersetzt etwa: binäre Ziffer. Die kleinste Informationseinheit > Byte.

Bit pro Sekunde: Masseinheit für die Geschwindigkeit der Datenübertragung.

Bitmap: Bitmap ist eine sehr einfache Art, wie Bilder gespeichert werden. Ein Bild wird in Punkte aufgeteilt und jeder Punkt hat eine bestimmte Farbe.

Bookmark: deutsch > Lesezeichen, auch > Favoriten. Eine Art Buchzeichen im Browser, mit dem Webseiten rasch aufgerufen werden können.

Bps: bits per second > Bits pro Sekunde.

Browser: Ein Programm, mit dem die Inhalte des WWW dargestellt werden können.

Byte: Zusammenzug von > bit und eight (acht). Folge von acht Bits. Ein Byte erlaubt die Darstellung von 28, also 256 verschiedenen Zeichen wie Buchstaben und Ziffern. Im Internet wird in der Regel mit Vielfachen eines Bytes gerechnet: 1 Kilobyte = 1000 Bytes, 1 Megabyte = 1 Million Bytes, 1 Gigabyte = 1 Milliarde Bytes, 1 Terabyte = 1 Billion Bytes (alles ungefähre Werte).

C

Client: Im Internet gibt es zwei Typen von Computern: die > Server und die Clients (deutsch: Kunden). Die Server stellen Informationen zur Verfügung, die Clients rufen die Informationen ab. Der PC zu Hause oder im Büro ist in der Regel der Client im Internet. Auch Programme, die sich mit einem anderen Computer oder Server verbinden, werden als Clients bezeichnet.

Emoticon: Ein Symbol aus mehreren Tastaturzeichen, das einen Gefühlszustand des Benutzers ausdrücken soll wie ;-) für Zwinkern.

Ethernet: Kabelnetzwerk, mit dem Computer, Drucker und andere Geräte untereinander verbunden werden können.

F

FAQ: Frequently Asked Questions, deutsch: häufig gestellte Fragen. Einführung in ein bestimmtes Thema, strukuriert anhand von solchen Fragen.

File: deutsch > Datei.

Filetransfer, FTP: Übertragung von Daten von einem Computer auf den anderen.   11 ff., 43

Freie Software > Open Source.

G

GNU (GNU is not Unix, also GNU ist nicht Unix): Software, die gratis ist und copyrightfrei. Es ist ausdrücklich erlaubt, sie – auch für kommerzielle Zwecke – zu nutzen, zu kopieren, zu verteilen und zu verändern. Darunter fällt unter anderem das freie Betriebssystem Linux > Public Domain.

P

PDF: Abkürzung für «Portable Document Format». Format
zur Darstellung von gedruckten Dokumenten im Internet.

Pixel: Bildpunkte, aus denen sich ein Bild auf dem Monitor
oder Drucker zusammensetzt.

Popup: Ein Popup ist ein meist kleineres Fenster, das über
dem Hauptfenster erscheint und zusätzliche Informationen anzeigt.

Public Domain: Begriff für Software oder Informationen, die
ohne Copyright- oder Titelbeschränkungen frei verfügbar
sind. Die Verfasser der Software haben auf ihre Copyright- und
Titelrechte verzichtet > Open Source.

Q

R

Radio- und TV-Gebühren > Gebühren.